神奈川の道志川のほとりで里山暮らしをしながら、
ネイチャークラフト作家・野外料理人として
みなさんに自然と触れ合う楽しさを伝えています。
僕にとって「焚き火」は生活の中心にあるもの。
本書では焚き火のさまざまな楽しみ方を
紹介しています。
焚き火を通じて、自然と出会い、
自然と対話する喜びを味わってもらえたら幸いです。

長野修平

ここで過ごすと決めたら、まずは焚き火づくりから。

僕は、北海道の苫小牧にある山菜料理店に生まれました。裏山に山菜をとりにいっては、庭の大鍋で山菜をゆでて下ごしらえ。海が近かったので、浜辺で貝やビーチグラスを拾い、流木で焚き火をし、魚を炙って食べるのも楽しみでした。大学に入ると、長野の戸隠の山荘に居候。毎晩暖炉の火を眺め、火のある暮らしを夢見るようになりました。東京ではさまざまな仕事をしましたが、いまは自宅に焚き火場をつくり、野良仕事やものづくりの日々。生活の中心に火がある暮らしに行き着きました。

みなさんの生活に、火を持ち込むのは難しいかもしれません。火は魅力的ですが、扱いが難しく、危険もいっぱいです。だからこそ、キャンプで焚き火を楽しんでください。野外で火を扱う体験は、日常に戻ったときに、「生きる知恵」に変わります。

Part 1

焚き火の時間

〜火を育て、
あやつり、愛でる

P17

Part 2

フィーカの時間

～お茶とおやつで
ひと息つく

P67

自然のなかに
あるもので火をおこし、
道具をつくり、ごはんを食べる。
焚き火の前に
自分がたたずんだとき、
自然が自分を受け入れて
くれた、と思えるんだ。

Part 3

ウッドカービングの時間

～火を眺めながら、木を削る

P93

マナー違反が増えたこともあるのか、キャンプ場では焚き火台が推奨されています。でも、可能であれば、地面にかまどを組み、火をおこす「直火」を。地べたにドカッと座り、火をいじるのが、古来焚き火の基本だと思います。

直火の知識があると、野外で安全に火を扱えるようになります。

何より僕は、地面に腰を下ろしたときに、目線の先に火がある風景が大好きです。寝そべって眺めたときに、火と地続きに在る自分。煙の行く先に広がる青い空。すべてが一体になる感じ。何にもかえがたい自然からのご褒美です。

山道をひとり歩いていて、遠くに煙が上がっているとホッとします。

焚き火の煙は、そこに人がいる証。あそこに行けば暖がとれる。濡れた体を乾かせる。きっと湯が沸いているだろう。温かいものが飲めるかもしれないし、もしかしたら何か食べさせてもらえるかも……と。

だから、僕の焚き火は「料理かまど」。いつもヤカンでコーヒーを沸かし、ベーコンをいぶし、料理をつくっています。人がやってきたら、「コーヒーを一杯どうぞ」。ナイフで肉を切り分け、それをつまみながら自然とおしゃべりが始まります。

焚き火も料理も、人との距離をぐっと縮めてくれます。

Part 4

夕餉の時間

～焚き火でしかできない料理をつくる

P117

火の魅力は「用の美」。
いま、この瞬間に
やるべきことを考え、
必要な火をつくる。

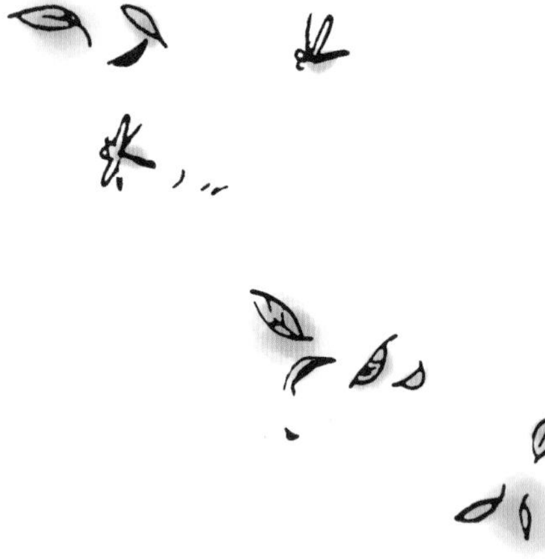

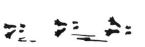

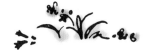

Part 3 ウッドカービングの時間

～火を眺めながら、木を削る

Part 4 夕餉の時間

～焚き火でしかできない料理をつくる

＊焚き火のルール、薪や敷地内の樹木の扱いについては、事前にキャンプ場に問い合わせ確認してください。
＊野草やキノコ類は、有毒なものもたくさんあります。確実に食用だと鑑定できない場合は、口にしないように注意してください。
＊ナイフ、斧、のこぎりは目的以外で所持すると銃砲刀剣類所持等取締法に問われることがあります。移動時は必ず刃先を包み、袋やケースに収納してください。
＊本書は2024年3月現在の情報です。

Part 1

焚き火の時間

～火を育て、あやつり、愛でる

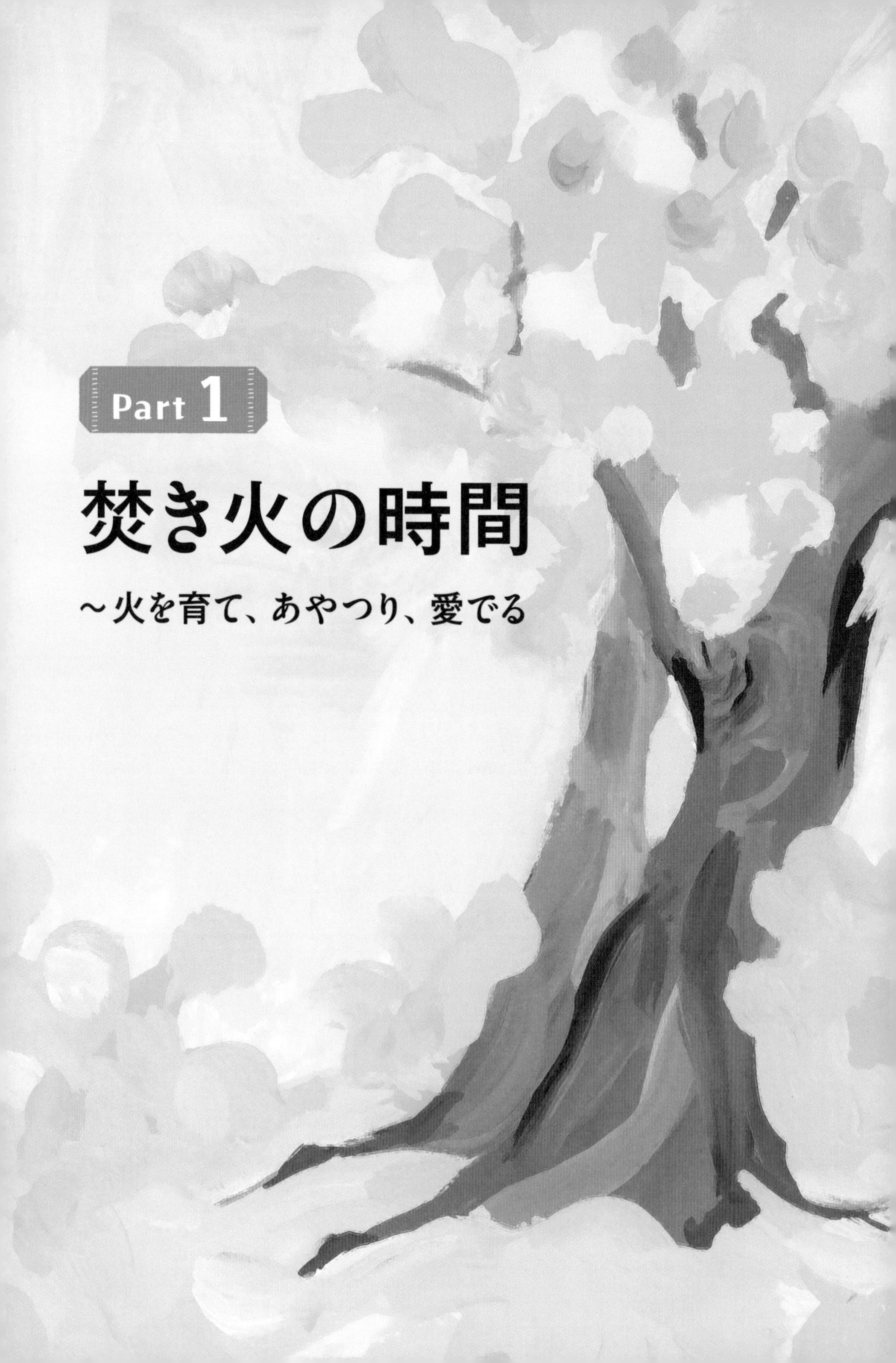

焚き火サイト

焚き火を中心に仮の宿をつくる

テントサイトについたら、しばらくその場でこの先の変化を想像する。レイアウトが決まったら荷下ろし開始。

　キャンプ場で自分のサイトに到着したら、僕はまず焚き火の場所から考えます。まわりを見渡し、地面の状態、木々の生え方、風の流れ、東西南北から陽の動きを予測します。夏なら日陰に、冬なら日なたに座りたい。一泊するなら、朝日が当たる位置にテントを張りたい。焚き火は平らな場所がいいのですが、そう都合よくいきません。傾斜なら山側に腰を下ろして作業しよう、と、こんなふうに具体的にシミュレーションします。仮の宿とはいえ自分の家です。焚き火を前に「違った！」と思いたくないですからね。レイアウトが決まったら、車から荷物を下ろします。

　注意すべきは火事。直火ＯＫのサイトでも、火を使える状況かは判断しなければなりません。強風の日はあきらめる。落ち葉一面の場所では山火事の危険を考え、1～2メートル四方は落ち葉をよけ、風防をつくる。アウトドアは、けがをしない、他人にも自然にも迷惑をかけないことが大前提。僕は自然に対して謙虚でいようと心がけています。

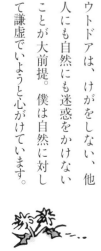

地べたに座り、膝をついて、かまどの火をいじるスタイルが基本。焚き火と一体になれる。

〔焚き火サイトのレイアウト〕

テント
難燃性のコットンやポリコットン素材でつくられたものを。幕内で燃料を使うなら煙突穴が必須。写真はネイティブ・アメリカンの住居を参考にした、帆布製の自作ティピーテント。
水場
炊事や消火に使う水は、ウォータータンク（P50）にくみ、焚き火まわりに置いておく。
作業場
多くの時間を過ごす場所。直火や高さのない焚き火台ならマットを敷くのがおすすめ。

道具類
利き手の側に、焚き火道具（P48）やスパイスボックス（P147）などを置く。
トライポッド
調理の際に活躍するトライポッド（P100）を、焚き火を中心に設置する。
かまど／焚き火台
焚き火はテントから1.5m程度距離をとり、風向きや地面の状態を見て、位置を決める。直火サイトでは、石を組んでかまどをつくる（P34）。焚き火台なら直火に近い火がつくれるものを選ぶ（P43～47）。

薪拾い

薪拾いで「森の一員」になれる

一度に大量の薪を運べ、経年変化を楽しめる頑丈なログキャリー。奥は、地べたの汚れも気にせず置ける蝋引き加工の生地。手前は、ロール状のレザーハンドルで肩にかけても食い込まないキャリー。
奥「アソビト 薪ケース」、手前「ダルースパック ログ キャリア」

次は薪の準備です。キャンプ場のルールに従いますから、薪は購入するしかないこともあります。敷地内の木を拾うことが許されるなら、拾った木だけで焚き火をするのが僕の理想です。

その場所に行き、用途を見極め、これは着火に使えそう、こちらは少し干して翌日使おう、など、自然から課せられたゲームを解くような感覚で薪を拾っていきます。自然に溶け込み、自然のなかで暮らせている、「森の一員」になることを許してもらったような気持ちになります。

薪拾いに行くついでに、食べられる野草を見つけ、木工に使えそうな木を拾います。森のなかは宝の山！ ショップなら簡単に入手できるものも、森で発見したときのワクワク感と嬉しさは格別です。

薪拾いは地べたに這いつくばる、昔からみんなが嫌がる汚れ仕事。だからこそキャンプではそこから始める。開拓者スピリットが試される瞬間。せっかく自然のなかに来たなら、とことん自然と戯れてみてください。

森を丹念に眺め、焚き火の展開に合う太さの薪を選んでいくと、自然と着火剤に使える松ぼっくりや、ウッドカービングに使う木材、調理に使う野草が目に飛び込んでくる。

選ぶ・運ぶ・設置するコツ

適切な木を見つけられれば、ロープ1本で薪集めができます。
折れるものは折り、折れないものはそのまま使うのが基本です。

折る

枯れ木は簡単に折れる。長いものは、膝を使ったり、足で踏むなど、適当な長さに折ってから運ぶ。

選ぶ

地面に落ちている乾燥した枝を拾うのが基本。雨のときは、地面から浮いている枯れ木、倒木の脇芽を使う（生木はしなるが、枯れ木は簡単に折れる）。

置く

手元近くに焚きつけ用の着火剤や細い薪。次に火を安定させるための中太の薪、長時間燃やすための太い薪と、使用サイズに分けて置く（P25）。地面が湿っているときは、直に地面につけないように、太い薪を二の字状に置き、その上に薪を並べていく。

運ぶ

ログキャリー（P22）がないときは、ロープを使い運ぶ。1.5m程度のロープを結び、輪をつくり、その上に薪を置いていく。輪を反対の輪に通し、束ねて運ぶ。

Point 樹木の種類

ごはんを炊くなど、一気に燃やしたいときは焚きつけ用＋針葉樹の薪を。じっくり調理したい、火を眺めたいときは、火もちのよい広葉樹や雑木を。

焚きつけ用

火口（P26）をのせる大きめの木の皮。火力が弱まったときにも、即くべられるように手元に置いておく。

細い薪

焚き火の火種ができたら、すぐくべていく細い枝。あっという間になくなるので多めに拾っておく。

中太の薪

細い薪に火が移ったら、中太の薪をくべる。火をある程度大きくし、安定させたいときに使う。

太い薪

直径３～４㎝以上の太さがある薪。細かく割らずにそのままくべることで長時間焚き火を楽しめる。

天候にもよるが、写真の薪の量で１泊２日ぶんギリギリ。着火の方法はP38。

〔火口《ほくち》の材料あれこれ〕

A
カバノキの皮

シラカンバやダケカンバの樹皮は油脂が多く燃えやすい。薄くはいで集めて火口に。

B
山ぶどうの蔓

乾燥させて束ねて保管する。必要なぶんカットし、割いてほぐして使う。紐としても優秀。

C
針葉樹の皮

スギ、ヒノキ、マツなどの針葉樹の樹皮は油脂を多く含み、よく燃える。

D
松ぼっくり

皮と同様、樹脂が豊富。見つけたら拾ってよく乾燥させておく。

E
枯れ葉

もっとも見つけやすい天然の火口。小枝につき、地面から浮いている、湿り気のない葉を拾う。

F
麻紐

麻紐はほぐして、ナイフの背を使い、けば立たせて使う。

G
クリのイガ

クリのイガのトゲはすぐに火がつく。クリの収穫時期に拾っておく。

H
ウッドチップ

ウッドカービングの際に出たウッドチップ。缶に入れ、保管し火口として使用（P102）。

森の恵み見分け図鑑

ヒノキ

ヒノキ科ヒノキ属

東北南部～九州に分布。樹高10～30m。鱗状葉《りんじょうよう》と特有の芳香が特徴。やわらかく彫りやすい。軽量で丈夫、木肌が美しい。耐久性、殺菌・防虫効果が高い。

葉

2～3㎜の鱗状葉が密生。裏にはY字型の気孔。

球果

直径約1㎝の球果。

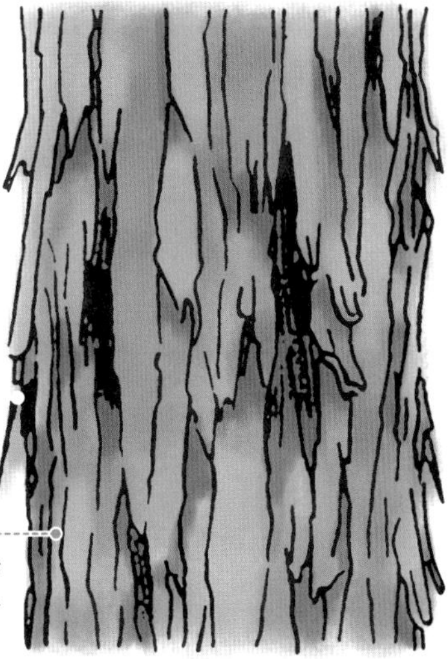

樹皮

縦に裂け、スギより幅広。赤みがある。

木工に使う樹木

一般に害がないとされる樹木は、スプーンや箸、皿などウッドカービングの材料や、調理器具としても使えます。

コナラ

ブナ科コナラ属

北海道～九州に分布。樹高10～25m。日本各地で見られる代表的な広葉樹。ほかにもどんぐりがなるブナの仲間は薪に最適。

樹皮

成木は縦に裂け、亀裂は黒く、平らなところは白く、縞模様に見える。

葉

楕円状で、縁がギザギザ（鋸歯・きょし）。裏面は灰白色。

実

楕円状で2㎝程度のどんぐり。

イロハモミジ

ムクロジ科カエデ属

東北南部〜九州の暖温帯に分布。葉が特徴的。コナラのある林によく見られる。カエデの仲間は木材として硬質。先をくさび形に加工し、釘や串として使用するのに向く。

葉
分裂葉で、冬には赤〜黄に紅葉。

葉
三角形の葉で先端はとがっている。縁は鋸歯。

樹皮
白い横向きの皮目。薄くはがれる。枝のつけ根に黒い線がある。

シラカンバ

カバノキ科カバノキ属

北海道〜中部地方の山地に分布。白い樹皮が特徴。木肌は美しく丈夫。北欧のウッドカービングの木材の主流。樹皮は火口《ほくち》にも（P26）。

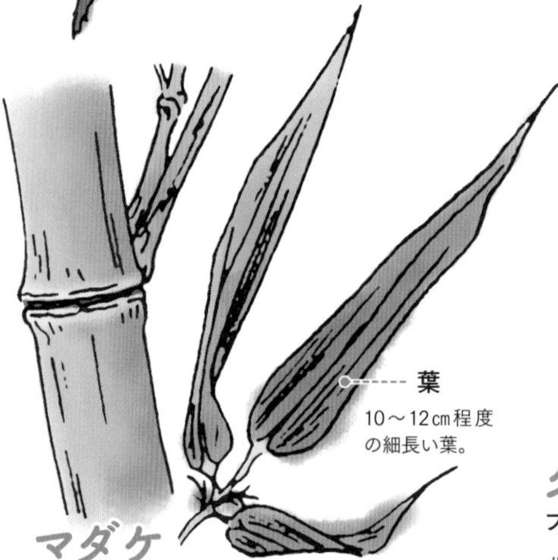
葉
10〜12㎝程度の細長い葉。

マダケ

イネ科マダケ属

北海道〜沖縄に分布。20m近くまで伸びる。日本でもっとも多い竹の品種。丈夫で抗菌・防臭効果が高く、竹細工から食品の包装まで幅広く活用。3〜5月頃はタケノコも美味。

クリ

ブナ科クリ属

北海道南部〜九州の温帯に分布。コナラ、モミジなどとともに自生することが多い。葉、実（P27）が特徴。硬質で耐久性が高く丈夫。土台に使われることも。

葉
細長く、縁はやわらかい刺状の鋸歯。

キクラゲを見つけよう

キクラゲは、暖かい時期にクリ、コナラなどの広葉樹の枯れ木に生える赤褐色のキノコ。比較的よく見つかり食べても安全（生食はNG）。スープや炒めものに加えて楽しみたい。

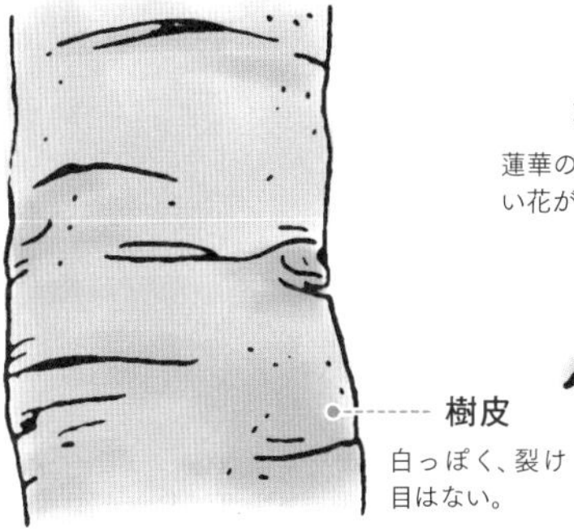
樹皮
白っぽく、裂け目はない。

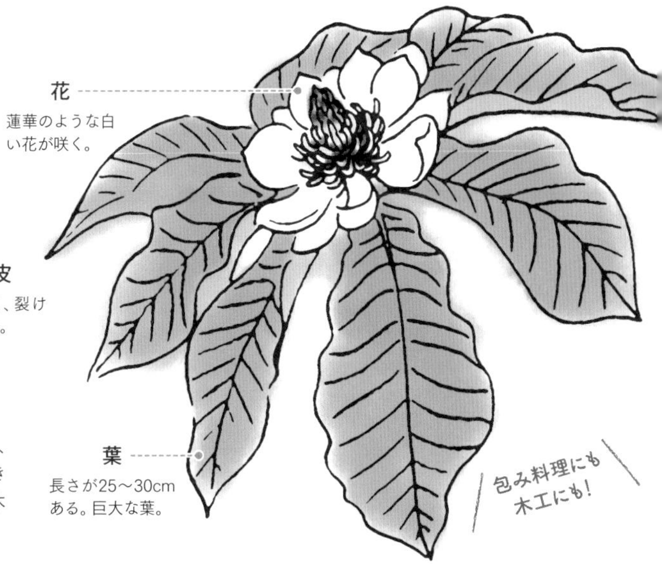
花
蓮華のような白い花が咲く。
葉
長さが25～30cmある。巨大な葉。
包み料理にも木工にも!

ホオノキ

モクレン科モクレン属

北海道～九州の温帯に分布。巨大な葉と、蓮華のような花が特徴。葉はホオ葉焼きなど、昔から多くの調理で使われる。木質は密でやわらかく、木工に向く。

調理に使う野草

野草包みの料理や料理のつけ合わせ、野草茶として使える「おいしい野草」です。

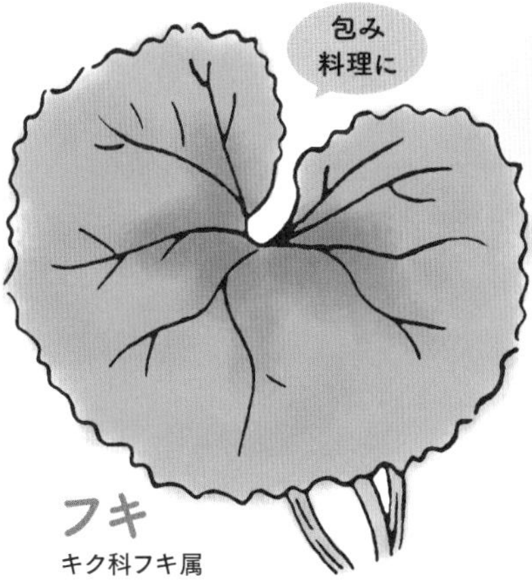
包み料理に

フキ

キク科フキ属

北海道～沖縄まで分布。高さ70㎝程度になる柄、40㎝程度になる葉が特徴で食用になる（地下茎は有毒）。早春の芽はフキノトウ、若い柄はキャラブキとして好まれる。

クズ

マメ科クズ属

北海道～九州の各地に分布。大型の蔓性植物で、10m以上に伸びる。塊根からとるデンプンが食用・薬用に。葉が３つに分かれ、長い葉《よう》柄《へい》に交互につく。

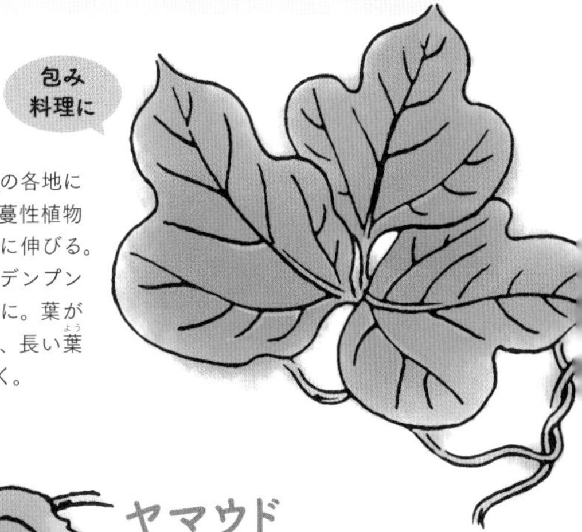
包み料理に

包み料理に

ヤマウド

ウコギ科タラノキ属

北海道～九州まで分布。高さは1～2ｍ。茎は中空。細かい毛が生え、ウド特有の香りがある。芽吹き直後のものが山菜として好まれる。三角形で縁がギザギザの葉が羽根状に交互につく。

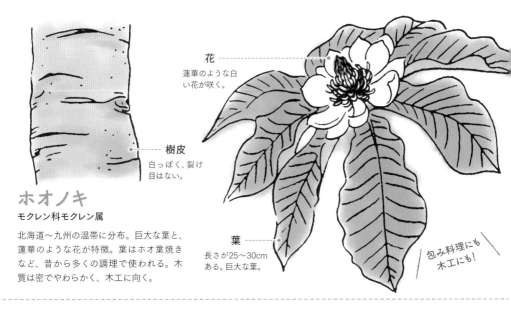

実山椒を味わう

初夏のやわらかい実（実山椒）は塩水漬け（左・つくり方P143）やオリーブオイル漬け（右・2回湯切り後オイルに漬け込む）し、常備菜に。秋冬の実はよく乾燥させ、スパイスとして使う。

サンショウ

ミカン科サンショウ属

北海道〜九州に分布。樹高は1〜3m。葉も実も食用になり、葉をもむと独特な香りが出る。

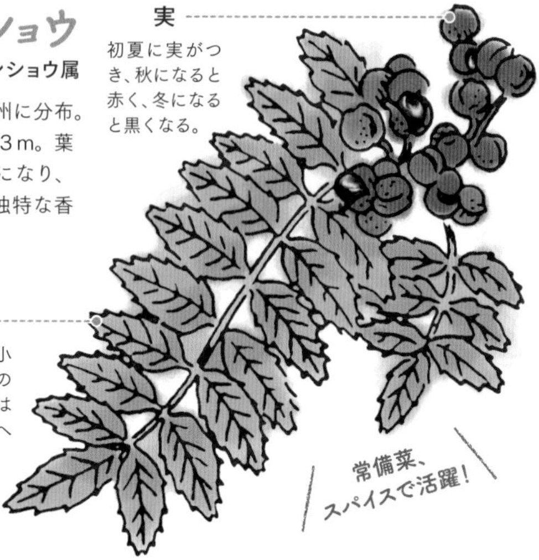

実

初夏に実がつき、秋になると赤く、冬になると黒くなる。

葉

左右対称に小さな羽根状の葉が並ぶ。縁は鋸歯、葉先はへこみがある。

常備菜、スパイスで活躍！

オランダガラシ

アブラナ科オランダガラシ属

山地の清流に群生。日本では仏名でクレソンとして流通。葉は小さい楕円で、3〜9（奇数）枚が羽根状に交互につく。

生食に

カキドオシ

シソ科カキドオシ属

蔓性。全国各地の土手や道端に自生。1〜10㎝の葉柄。円形〜ハート型の葉。葉と茎は生食になる（P125）。

生食に

ドクダミ

ドクダミ科ドクダミ属

日陰に群生。葉はハート形。白い花びら状の葉のなかに、小さな花が密集。食用になり、高い薬効があり、古くから民間薬として重用。

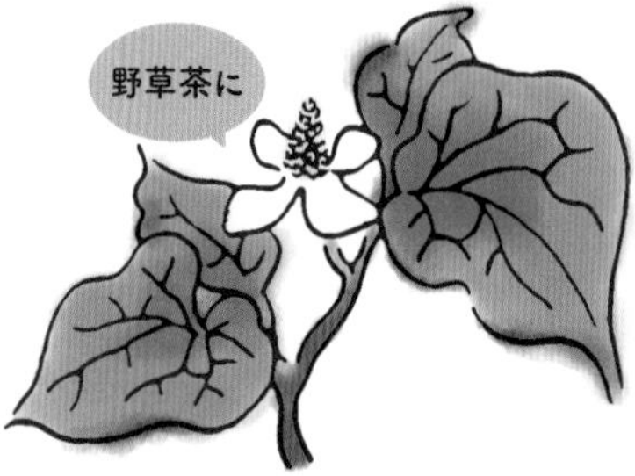

野草茶に

スギナ

トクサ科トクサ属

スギを彷彿させる草。春にあらわれるツクシ（胞子茎）の後に、スギナ（栄養茎）があらわれる。膀胱炎などの生薬として用いられ、飲用する。

野草茶に

ヨモギ

キク科ヨモギ属

草地に自生。葉はギザギザで、羽根状に交互につく。薬効があり、香りがよい。日本の伝統的なハーブ。

野草茶に

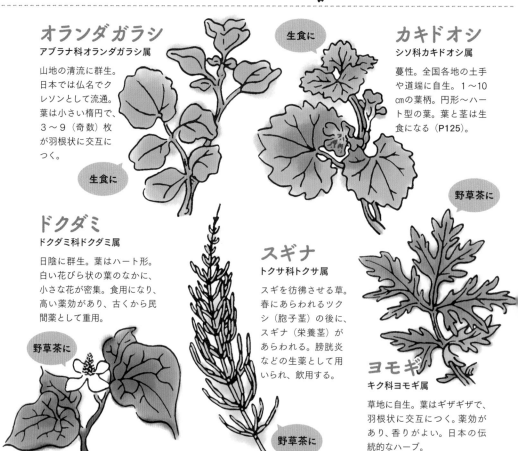

焚き火づくり

焚き火の出来に自分があらわれる

薪を組み始める前に、暑さ寒さ、地面の湿り具合、そして風を見ながら、その日の組み方を考える。

僕はキャンプを終え、その場が整ったところまでイメージしてから、焚き火づくりを始めます。

薪組みはその日の状況で変わります。地面が乾いていたら、特別な技術はなくても素直に火がつきますが、雨上がりの翌日、朝露が降りた朝に焚き火をつくるには工夫が必要です。

火は生きものです。こちらが世話をサボると、あっという間に消えてしまいます。いろいろな薪を食べさせても、好みでない薪を与えると、おなかを下したかのように燃焼不良に。だから火の気持ち（性質）を理解し、薪を組まなければなりません。

薪組みには、その日の自分があらわれます。うまくいき、すんなり火がついたときほど、気分のよいことはありません。

座る場所の冷気や朝露の湿り気を飛ばしたいときは大きな炎をつくりますが、後は用途に応じたサイズで火をつくります。焚き火は「用の美」。湯を沸かす火、肉を炙る火、目的に適う火だからこそ、美しいと感じるのでしょう。

雨の降った寒い朝こそ焚き火が必要。火が燃え始めると地面も空気も体も一気に乾いて暖かくなる。

石のかまどづくり

かまどのサイズを決めたら、石でかまどを組みます。
調理メインのときは火床を広くとるのがおすすめです。

1 円を描く

焚き火の場所を決めたら、その中心に足でバツ印をつけ、まわりを円で囲み、アウトラインを入れる。

2 平らな石を並べる

石はできるだけ大きく平らな石を集め、ライン上に置いていく。かまど口以外からでも作業しやすい。

3 隙間なく寄せる

石を隙間なく寄せながら、きれいな円になるようにかまどを整える。

4 石を水平に整える

ガタついているところには小石をはさみ、石を水平に整える。器や鍋を置いても安定する。

横から見た図
上昇気流
主火
副火
背の低い石
背の高い石
背の低い石
背の低い石
熾《おき》火《び》ゾーン
副《ふく》火《び》ゾーン
主《しゅ》火《び》ゾーン
背の高い石
Point
Point

基本的な石のかまどの完成。直火のかまどの組み方やサイズは、十人十色。そのときあるもので、状況に合わせ創意工夫を楽しむ。

主火側に背の高い石を。奥の石が壁となり蓄熱し、上昇気流が生まれ、大きな炎をつくれる。炎や煙が手前に流れにくい。

かまどの口

作業しやすいように、座る場所の前は石を外し、かまどの口をつくっておく。

かまどのサイズ

かまどのサイズは、その日にやりたいことと、サイトの状況との兼ね合いで決める。調理をするなら、直径30㎝～1ｍ必要（写真は約1ｍ）。

雨の日の薪の組み方

薪組みは、火がどう燃え広がるのかイメージし、
ストーリー仕立てで組んでいくのがポイントです。

1 井桁に薪を組む

地面が濡れているときは、中太の薪を井桁に組み土台をつくり、火口《ほくち》（P26）を置く。地面を乾かしながら焚き火ができ、焚きつけ用の材料が湿気で消えるのを防げる。

2 火口と小枝で中心をつくる

木の皮や松ぼっくりなど、焚き火の深部に火口を詰めたら、焚きつけ用の小枝を立てかけていく。

Point

燃え広がるイメージ

薪の隙間に細い枝や、木の皮をよくもみしだき毛羽立たせたものを差し入れ、内部の火が次々と燃え広がるようにイメージし、薪を組んでいく。

3 中太の薪を立てかける

中太の背の低い薪を、空気が通る隙間をつくり、立てかけ、周囲を囲んでいく。

Point

ティピー型

ティピー型（合掌型）は、雨の日や、火力を急いで上げたいときにおすすめ。深部の火口に火がつくと、中心部の空気に上昇気流が生まれ、火が上に向かい、一気に燃える。

4 長い薪で高さをつくる

中太の長めの薪を組んでいき、ティピー型をつくっていく。

湿っている薪は、焚き火の周囲に置き、輻射熱で乾かしていく。

5 最後に太い薪を組む

最後に太い薪を立てかけて完成。太い薪、長い薪は、火が広がったら、崩したり、離したりしながら調整していく（P40）。

火おこし

ファイヤースターターの使い方をマスターし、
自力で火をおこしてみましょう。

1 火口と着火の材料を用意

火口《ほくち》の材料と火をのせて運ぶための木の皮、着火のためのファイヤースターター（メタルマッチ）のマグネシウム棒（写真右）やライター、マッチなど用意。

2 火口をもみほぐす

木の皮を削ぎ、手でよくもんだり、ナイフの背でこすったりして、繊維を毛羽立たせ、着火しやすい状態にしておく。

3 ファイヤースターターをこする

マッチをこするように、ナイフの刃でファイヤースターターのマグネシウム棒をこすり、火の粉を飛ばす。

4 着火した火を移動させる

火がついた火口を、木の皮にのせたまま、そっと焚き火に移動させる。

5 焚き火の深部に移す

先に焚き火の中心に入れていた火口に、着火した火を移していく。

最初に薪を種別に組んでおくこと（P36〜37）で、火が順番に燃え広がっていく。

6 空気を送り込む

火がくすぶったら、火吹き棒やハットを使い、そっと空気を送り込み、火をふたたびおこしていく。

［火加減を調節する］

輻射熱でケトルを保温できる。

手元から遠いところに

主《しゅ》火《び》（強火）ゾーン

太い薪を組み、強火をつくる。薪が小さくなったら副火ゾーンに移動する。

Point

炎のサイズ

炎が大きくなりすぎたら、薪同士を離す。逆に大きくしたいときは、薪と薪の接地面を増やし、火吹き棒で空気をたくさん送り込む。

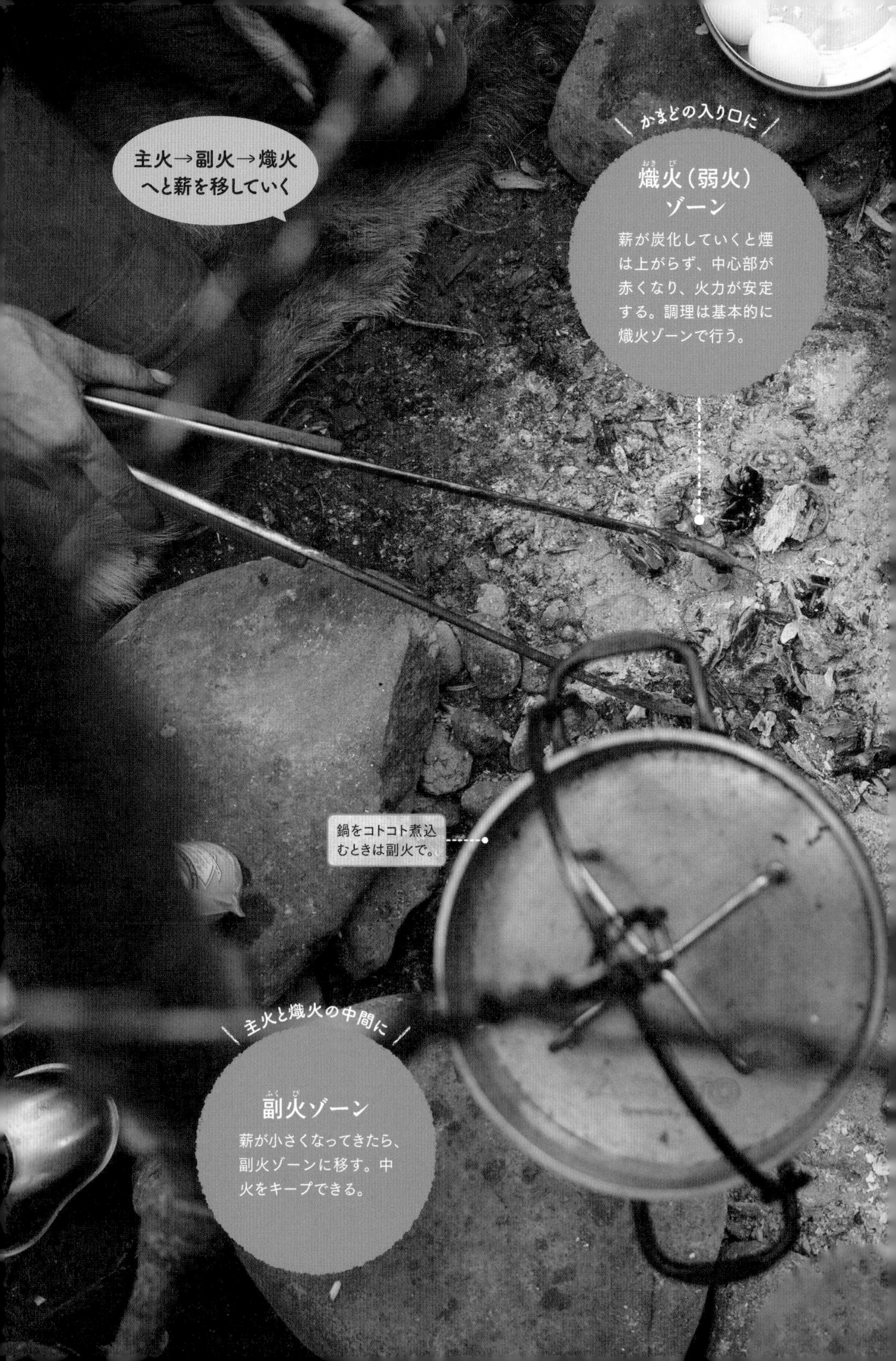

主火→副火→熾火
へと薪を移していく

かまどの入り口に

熾《おき》火《び》（弱火）ゾーン

薪が炭化していくと煙は上がらず、中心部が赤くなり、火力が安定する。調理は基本的に熾火ゾーンで行う。

鍋をコトコト煮込むときは副火で。

主火と熾火の中間に

副《ふく》火《び》ゾーン

薪が小さくなってきたら、副火ゾーンに移す。中火をキープできる。

焚き火台・焚き火道具

主役は自分、ギアがサポーター

焚き火台のなかにも火床を広くとれるものを選べば、直火に近い楽しみ方ができる。

最近は直火禁止のキャンプ場も多いので、僕は必ず焚き火台も持っていきます。直火を再現できる焚き火台が好みです。燃焼しやすい構造で火を保ちやすく、後片づけが考えられているものも。火吹き棒やグローブなど、焚き火まわりの道具類も、最低限そろえておきます。

ただ、僕自身は最近グローブすら使わず、鍋も薪も素手で動かしています。火おこしもハットであおぎ、フーッと息を吹きかけるだけで、火吹き棒の出番はあまりありません。面倒くさがりなのもありますが、道具にこだわりすぎてギアが主役のキャンプになるのはつまらないから。不便でも、アウトドアではそれが経験になり、知恵の引き出しが増えます。まずはその場にあるもので。どうしてもうまくいかないときはギアの出番です。

マナーを守り、天候の変化に対応しながら、無理をせずに楽しむ。そして責任をもって後始末をする。それが焚き火であり、主役である自分のつとめだと思っています。

〔直火に近い焚き火台 ソロで〕

美しい炎がつくれる

写真は小型で軽量のソロ向き焚き火台。「ファイヤーピットグリル（P46）」の炭置きトレイとして開発されたもの。深さ約10cm。サイドと底面に空気孔があり、よく燃え、美しい炎をキープできる。

「カウボーイグリル チャコールトレイ（幅約54㎝／重量約3.5kg）」

〔直火に近い焚き火台 ソロ〜数人で〕

ガス台がわりのサブ焚き火台

小枝でもすぐ着火し、高い燃焼効率であっという間に強火がつくれるウッドストーブをサブ機として。すぐに湯を沸かしたり、ごはんを炊いたりしたいときには便利。写真は「ソロストーブ」シリーズのなかでも小型のもの。煙が発生しにくく、温められた空気で安定した美しい二次燃焼がつくれる。

「ソロストーブキャンプファイヤー＋2ポットセット コンボ（本体直径約17.8cm／重量約998g）」

焚き火シート

土や砂利など焦げやすい地面の上では、適宜焚き火シートを敷く。

石のかまどの感覚を再現

メインの焚き火台は地面に低いところで焚き火を楽しめるものを。写真は「足元から全身で感じる火の暖かさ」を追求し、鉄職人によってつくられた「JIKABI（ジカビ）」。外周部は石のかまど（P34）と同じくケトルを置いたり、薪を乾燥させたり、多目的に使える。調理をするなら火床が広いL、Mがおすすめ。

「タキビズム リアル ファイヤースタンド ジカビ Lサイズ（直径約50㎝／重量約2.0kg）スタンダードM（直径約40㎝／重量約1.15kg）」

グリドルを組み合わせて

焚き火料理の幅を広げてくれるグリドル（鉄板）。写真はスウェーデンのカーボンスチール製の「ダーラムグリドル」シリーズで「JIKABI」と組み合わせて使える。背負える収納袋（P68）には、付属のシットパッドとハンドルのほかに、焚き火シートと「JIKABI」も収納可能。

「ダーラムグリドル（L直径約50㎝／重量約3.7kg）」

〔直火に近い焚き火台 調理向き〕

焚き火料理を徹底的に楽しむ

焚き火を絶やさず連泊でさまざまな調理をくり広げたいなら、限りなく直火と同じ環境を再現できる焚き火台を。写真はグリル用に開発されたベアボーンズのスチール製焚き火台。本体は火床が広く、深さがある。ハンガーバーや上下移動できるグリル網など調理のための工夫が満載。

「カウボーイ ファイヤーピットグリル30" アジャスタブルレッグ（直径74㎝／重量22.6kg）」

ハンガーバー
鍋も食材も、
カップも
ハンガーバーに鍋やケトル、食材を吊るすことができる。また、焚き火道具やシェラカップをかけておくことも。
グリル網
弱火から強火まで
高さと回転で調節
薪を調節しなくても、グリル網を上下させたり、回転させたりして火力を調節。また、オプションで本体にテーブルもとりつけられる。
高さをかえられる
約56㎝のロングレッグが付属。外した状態では直火的に、火床を高くすると、システムキッチン的に、調理を楽しめる。

これだけはそろえたい 焚き火道具

ハット

帽子としての役割だけでなく、焚き火の際は火をおこすときに、うちわとしても大活躍。

毛皮のラグマット

シカの皮をなめしてつくったオリジナルの毛皮のラグマット。地面に敷いたり、チェアにかけたり。外でも暖かく、心地よい感触。土や枯れ葉がついても、振り払えばきれいになるのは毛皮ならでは。市販ではダーラムの「トナカイファー ワード」も愛用。

火吹き棒

ハンドルに口を当て、空気を送り込む。写真の火吹き棒は、先端に突起があり、持ちかえることなく火かき棒としても使えて便利。

「タキビズム ブレス トゥ ファイヤー」

ナイフ＆ファイヤースターター

薪割り（バトニング）から着火までできるナイフ、着火に使うファイヤースターター（マッチやライターでも可）は焚き火の必須ギア。写真はこれらがセットになったモーラナイフのサバイバルキットセット。ブレードの先側が薄刃で、1本あれば調理までこなせる万能ナイフ。

「モーラナイフ カンスボル サバイバルキット（S）」

火ばさみ

着火した薪を動かすときに使う。燃えている薪を移動するためには、40〜50㎝の長さがあると安心。写真のものは輪を引くと閉じて収納できる。

「ペトロマックス バーベキュートング L」

鎖＆S字フック

トライポットやハンガーに、鍋や食材を吊るす際に使う。S字フックは多めに用意。肉を刺す用のフックは先をとがらせておく（P81）。

ゴトク

熾火をつぶさず鍋やケトルを置ける（P130）。折りたたむと蓋や取っ手のリフターにもなる。

「ロッジ 4-IN-1 マルチファンクショナル リッド スタンド」

ミトン

ダッチオーブンやスキレットを扱うときの鍋つかみ。写真はペトロマックス社の耐熱性に優れた合成繊維（アラミド繊維）を使ったミトン。

「ペトロマックス アラミドミトン」

グローブ

難燃性・耐熱性の高い焚き火用の革製手袋。写真は牛革の裏に綿ダンボールニットを貼り合わせ操作性と耐熱性を両立させたグローブ。

「タキビズム 焚火グローブ」

あると便利な ユニークギア

くり返し使えて着火剤にもなる

キッチンクロス

植物由来の天然繊維からつくられた不織布。水分も油分も吸収。濡れても破れにくく、くり返し使用できる。油を吸わせたものは燃料としても活用。芯がないのでごみが出ない。ロール状でミシン目入り。

「エイアンドエフ キャンプキッチンクロス」

コンパクトなのに驚きの容量

ウォータータンク

ショッピングバッグのような形状で、コンパクトに折りたたみ携帯できるポリエステル製のウォータータンク。容量は12L。

「サヴォッタ ウォーターバッグ」

アウトドアクッキングに特化

ミニ包丁

自ら開発に関わり、完成まで2年かかった思い入れ深いキッチン用ナイフ。ハンドルを握ったままで刃をカッティングボードに当てても空間ができ、みじん切りもスライスもラク。切った食材を刃にのせて運べる。専用ケースで携帯でき、高い位置でも地面でもラクに安全に使える。

「ロンボ ブラックブレード (S) -アッシュウッド」

グリドルは熱いうちに掃除

ステンレスたわし

グリドルを使った後は、熱いうちに湯をかけ、ステンレスたわしでこすると簡単に汚れを落とすことができる。写真はダーラムグリドル（P45）用の試作品。

長野家の工房。使い込まれたナイフや斧など、野外生活に欠かせない道具類が壁一面に並ぶ。すべての道具に、人と自然をつなぐ役割がある。趣きある落ち着いた空間。

焚き火ファッション

実用性を追求し、衣類を選ぶ

帽子は欠かせない。なかでもハットは日よけ、雨よけとしてはもちろん、つばが広いことで薪拾いの際の蜘蛛の巣や枝よけ、また火おこしのうちわとしても使える。

Aウール製（冬用）、Bコットン製（通年）、C麦わら（夏用）、Dレザー（通年）

　僕がフィールドにいるときは、白系のベースラインに、ポケットがたくさんついたベスト、革のハットに、火に強いシューズというスタイル。たとえば同じ白のシャツでも、季節ごとのさまざまなアウトドアのシチュエーションに対応できるよう、素材や厚みの違うものをそろえています。

　どの衣類も、野良仕事の実用性を追求して選んだものばかりです。僕は、もともとミリタリーやワークブランドの古着好き。最近は北欧とのつながりができ、ウールやワックス仕上げのコットンを用いた北欧ブランドが加わりました。いずれも天然素材。破れにくく、火に強いのが特徴です。

　つくった人の思いが込められたウエアが好きです。1枚のセーターにもデザインした人、縫製した人がいる。人の思いをまとっている感覚があります。膝が破れ、袖に穴が空いても、つくろいながら大切に着続けます。そうすることで、ウエアが自分の体の一部になり、ますます愛着がわいてくるのです。

帽子
アウトドアでは帽子類は必須。煙のにおいが髪につくのも防ぐ。
ウエア
難燃素材（コットン、リネン、ウール、革）を選ぶ。
パンツ
難燃素材を選ぶ。膝当てがあり、ポケットが多い作業用パンツを。
靴
焚き火まわりでは、靴に火の粉が飛びやすい。コットンや革がおすすめ。
ベストは、もともとバブアーのコートのインナー。ポケットが多く、温度調節もしやすいため、インナーだけをとり外し、通年愛用している。

焚き火仕様の

レイヤーリング・季節のウエア

ベースレイヤー

リネン製。吸湿性が高く、肌触りもよい。

コットン製。リブ織で涼しく、腕まくりもしやすい。

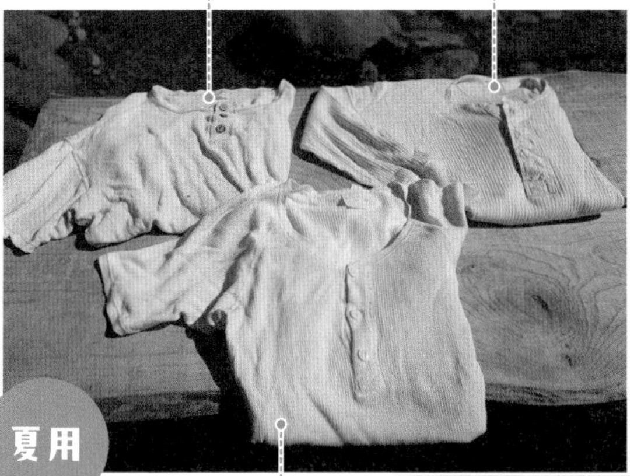

夏用

コットン製。ワッフル織で、汗をかいてもサラリとした着心地。

ヘンリーネックで体温調節

肌にもっとも近いベースレイヤーには、ビンテージのミリタリーシャツを愛用。体温調節のしやすさから、襟元の開閉可能なヘンリーネック一択。季節に合わせ、生地の素材・厚さを変えている。

厚手のリネン。保温効果があり暖かい。

ウール＆コットン50％ずつ混紡。真冬に。

冬用

厚手のコットン生地のロングスリーブ。

ソックス

ダーンタフの靴下。左（冬用）から右（夏用）へウェイトが軽くなる。

季節で生地のウェイトを変える

履き心地のよさと耐久性を兼ねたメリノウールのソックスを。靴下づくり30年、通常使用で穴が空いたら交換してくれる北米の靴下ブランド「ダーンタフ（とても強いという意）」を愛用。

ミドルレイヤー

伝統的な模様が美しいジャガード織りのメリノウールのセーター。「フェールラーベン　オヴィック・ニット・セーター」

燃えにくいウール素材を

ベースとアウターのあいだに着用。保湿性、保温性があり、体温をキープするミドルウエア。焚き火のときは、火の粉が飛んでも燃え広がりにくいウール素材を着用。穴が空いたらつくろいながら着るのも愛着がわく。

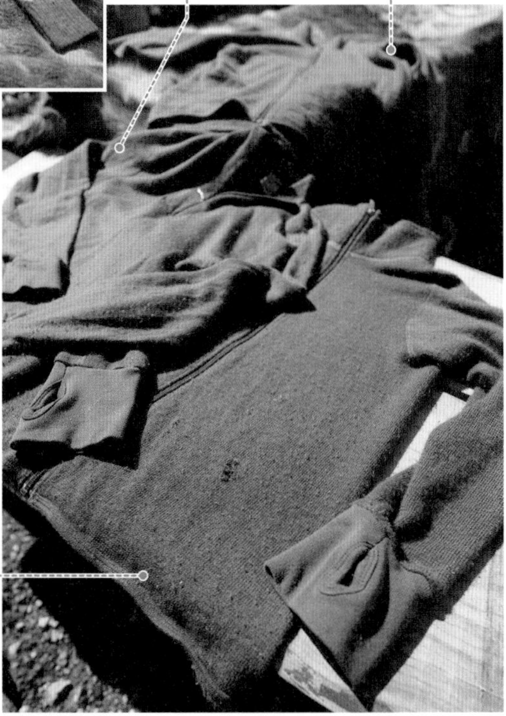

首元に通気用のファスナーがついたメリノウールのベースにもなる薄手タートル。「ウールパワー ジップタートルネック 200」

600（写真下）と同じデザインでミドルウェイトの生地。「ウールパワー フルジップジャケット 400」

ハイネック＋袖口に親指を出せるサムホールつきのメリノウールのフルジップジャケット。背中側の着丈が長く、かがんでも背中が出にくい。「ウールパワー フルジップジャケット 600」

シューズ

火に強いコットンや革のワークブーツ

火の粉が飛んでも燃えにくい革やコットン素材で、野外作業でも泥が入り込まないブーツがおすすめ。中綿や折り返しで季節ごとに温度を調節。

A「サンノゼ　シックス　ウォータープルーフ（ワークブーツ）」（通年）、B「アンカレッジ　ブーツ　スリー　ウォータープルーフ（ウィンターブーツ）」（冬用）、C「ロズウェル　ミッド（ワークブーツ）」（春夏）、D「ニューポート（サンダル）」（夏用）
＊いずれもキーン

アウターレイヤー

保温性＋防風性＋難燃性を追求

もっとも外側に着るためのウエア。焚き火のときに着用するため、ナイロン製はNG。保温性、防風性を備え、かつ難燃性のポリコットン素材のものを。ジャケットタイプが作業しやすい。

真冬用

フェールラーベンのハンティング用ジャケット。ハンドウォーマーポケットつき。「ブレナープロジャケット」

春秋用

フェールラーベンのハンティング用軽量耐久ポリコットンジャケット。サイドにファスナーがつき、ベンチレーションで体温調節可能。「ラップランド　ハイブリッド　ジャケットM」

通年

すっぽりかぶって腰まで丈がある、ワックス仕上げのポリコットン製アノラック。薪拾いなどで藪に入っても安心。裾が開閉し体温調節できる。「サスタ カトマイ アノラック」

冬のアクセサリー

頭と手首、首筋を冷やさない

冬場のキャンプ、とくに就寝時にはウールのキャップ、リストゲイター、ネックゲイターが必須。頭、手首、首筋を保護するだけで冷えを防げる。

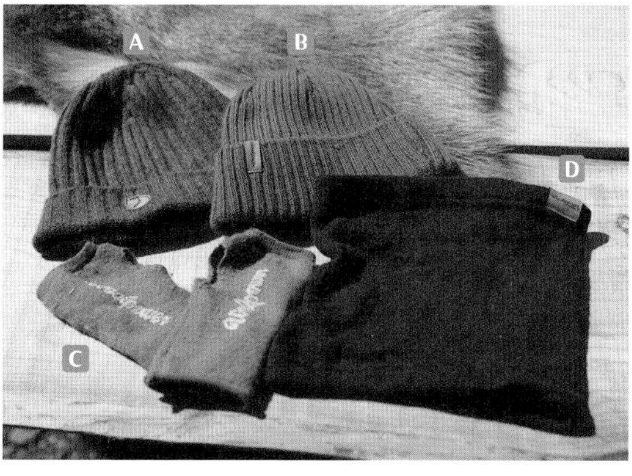

A「フェールラーベン　バイロン・ハット」、B「ウールパワー ビーニー リブ」、C「ウールパワー リストゲイター 200」、D「ウールパワー チューブ」

Point

ワックス

生地用ワックスを塗ると、撥水性・防水性が高まり、生地の寿命が延びる。パンツの膝やジャケットの肩やひじは念入りに。ワックスを塗ったら、低〜中温でアイロンをかけなじませる。

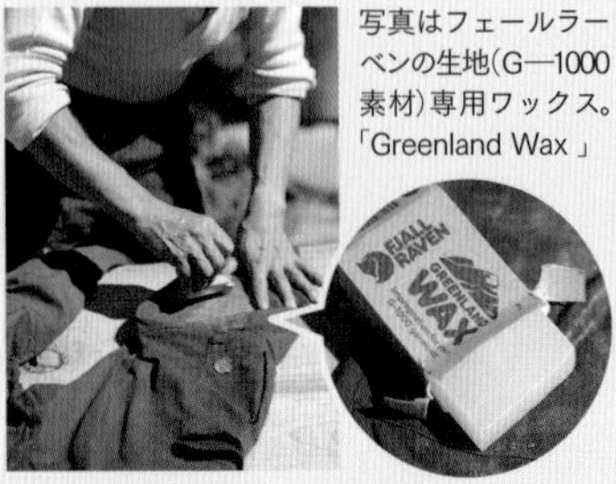

写真はフェールラーベンの生地(G—1000素材)専用ワックス。「Greenland Wax 」

パンツ

膝部分が補強されているものを

真夏以外は、ロングパンツ。立体裁断で動きやすいものを選ぶ。野外では膝をつくことが多いので、膝部分にダブルレイヤーが施されているものがベスト。ポケットが多いとなおよい。

夏用

膝は立体裁断され、動きやすく、ポケットが豊富。「フェールラーベン Barents Pro Trousers M」

伸縮性のあるストレッチ素材で動きやすく、ファスナーつきでハーフパンツとしても着用可能。「サスタ ヴァスキ ジップ トラウザー」

耐風性と耐水性に優れたショーツ。ハンドポケットのほかに、マチのあるマップポケット、小さなスマホポケット、斧を入れるためのポケットなども。「フェールラーベン ショーツ Barents Pro」

通年

ベースは保温性・放熱性のあるサマーウール。膝、背中、裾には耐久性の高いポリコットンを使用。オールシーズン履くことができる。「サスタ カールナ トラウザー」

スウェーデンのGARPHYTTANのワークパンツ。リップストップ生地で耐久性が高く、サイドにベンチレーターも。「ガルフィッタン スペシャリストトラウザー グリーン M」

悪天候時の焚き火

テントで火を守りながら過ごす

撥水効果のあるオイルドコットン製ミリタリーポンチョ。ポンチョとしてまとえば小雨や寒さから体を守ることができ、2枚つなぐと簡易テントになる（P59）。

自然のなかではいろいろなシチュエーションが想定されます。急に雨雲があらわれたときには、ティピーテントなどでかまどを覆うことで、火を守ることができます。

軍用のポンチョテントは、火の粉が飛んでもナイロンのように燃え広がりにくい難燃素材です。2枚つなぎ合わせることで簡易的なテントになり、焚き火ごと雨宿りすることができます。また、テントの幕は煙にさらされるほど、樹脂で防水性・撥水性がアップします。

僕が冬場に雪国でキャンプをするときには、小型ティピー（P20）のなかで焚き火をし、食事をつくり、暖をとりながら休むこともあります。

しかし、冬キャンプでは、焚き火や薪ストーブでの一酸化炭素中毒の事故は絶えません。

まず幕が焚き火仕様・難燃素材製であること、崩れないようにしっかりと設営すること、空気の出入り口をつくっておくこと。これらは必須事項です。正しく設営できれば、ティピー内はホカホカ快適です。

雨が降ってきたら、2枚のポンチョを接続し、熾火をカバー。寝袋や荷物を入れ、なかで過ごすこともできる。

ポンチョテントの張り方

コットン製のポンチョテントは
日本のミリタリーショップなどでも入手できます。

ポンチョ兼簡易テントやタープになるものはいろいろ出ているが、このミリタリー用は難燃なので焚き火向き。写真はポーランド軍のポンチョテント。

1 ポンチョを2枚つなぐ

ポンチョテントのボタンをとめて2枚をつなぎ、1枚の幕にする。

2 設置場所に広げる

設置したい場所に、幕を広げ、裾を円にして位置を決める。

3 裾を固定する

ポンチョの裾のハトメにペグを打ち、固定していく。

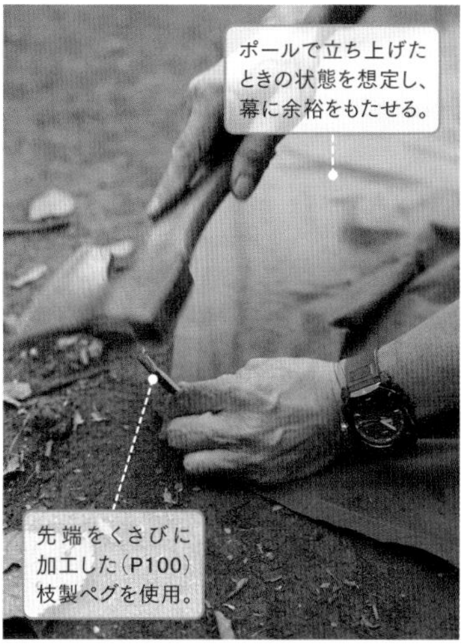
ポールで立ち上げたときの状態を想定し、幕に余裕をもたせる。
先端をくさびに加工した(P100)枝製ペグを使用。

4 ポールで立ち上げる

ポールはトライポッドのつくり方を参考に(P100)。

ポール1本を中心に立て、幕を持ち上げ、トップで結ぶ。

かまど（焚き火台）がテントの入り口にくるようにテントを張る。奥にはラグマットや荷物を入れる。寝袋に入って横になれる広さがある。一酸化炭素中毒を防ぐために入り口から空気が入るようにしておく。熾火が消える頃には、石の余熱と温まった空気でぐっすり眠れる。

Point

灯油ランタン

光源には灯油を燃料にするドイツ製のフュアハンドランタン（ハリケーンランタン）を愛用。ガスランタン特有の燃焼中の音がなく、静かな焚き火の夜に向く（就寝前に消す）。

マットの下に落ち葉を敷き詰めると、地面の冷たさをさらにガードできる。

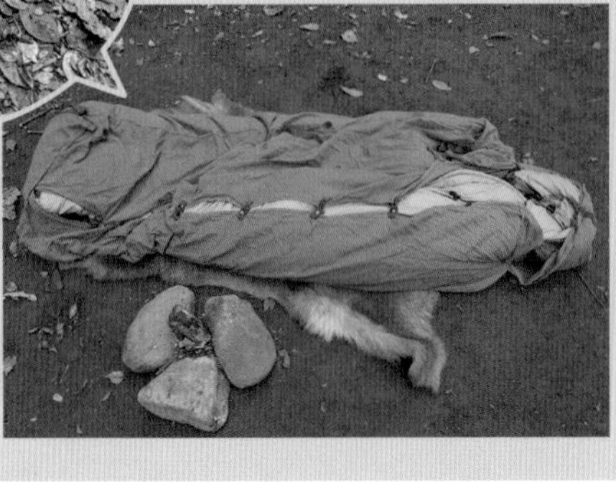

焚き火仕様のシュラフカバー

寒さに強いダウンシュラフの多くがナイロン製のマミー型。火には弱いので、コットン製のシュラフカバーを使う。写真は毛皮のラグマットの上に、ナンガのシュラフにミリタリーのシュラフカバーをかぶせたもの。

焚き火の後始末

よりよいたたずまいにして帰る

焚き火の終了時間に合わせ、計算しながら薪を燃やしていく。終了時間に木片が残った場合は、きちんと消火し処理する。

自然に負荷を与えない過ごし方ができたらアウトドアマンとして一人前なのではないかと思います。

以前、仕事で秋田を訪れたとき、マタギの方からこんなことを言われました。「その土地にあるものを自分でとって食べることで、そこの自然に自分を受け入れてもらえるんだよ」。

自然のなかにあるサイクルに己が加わったとき、初めてそこの生きものになれるということなのでしょう。その場にある石や拾った木、野草、自作の竹箸や木の器を使うことで、そこに近づけると思っています。

でもそれは、同時に自然のサイクル外にいた人間が、異物として入り込み、環境に負荷をかけるということでもあるのです。

どういう方法なら、自然にやさしく、迷惑をかけずにいられるかなと、いつも考えます。せめてその場を去るときには、自分が来たときよりも、少しでもよいたたずまいにして帰りたい。焚き火後に、原状復帰以上の美しい状態をつくり、フィールドに感謝して去りたいのです。

自然のなかに自分の世界をつくり上げ、心地よく過ごしたなら、必ず最後は「訪れたとき以上に美しく整えて」その場を後にする。これが自然に対する礼儀。

焚き火の後始末

直火の始末と燃え残りの処理

できるだけ燃やし尽くし、しっかりと消火します。
残った炭は持ち帰り、次の焚き火で使いましょう。

1 灰を寄せ集める

できるだけ炭を残さず燃やし、灰にする。それでも残った炭は、予備の焚き火台などに移し、かまどの中心に灰を寄せ集める。

2 灰の上に石をのせる

火が消えてかまどの石が冷めてきたら、灰を集め石をのせていく。

3 石を積み上げる

使った石はすべて積み上げ、灰が風で飛ばないようにする。

4 石が冷えるまで水をかける

積み上げた石の上から水を流しかける。残り火が完全に消え、石が冷えるまでかけ続ける。

Point

焚き火場の気配

キャンプ場のルールにもよるが、次に訪れた人にバトンタッチするため、石を積んで、気配を残しておくことも。

5 水に炭をつけて鎮火

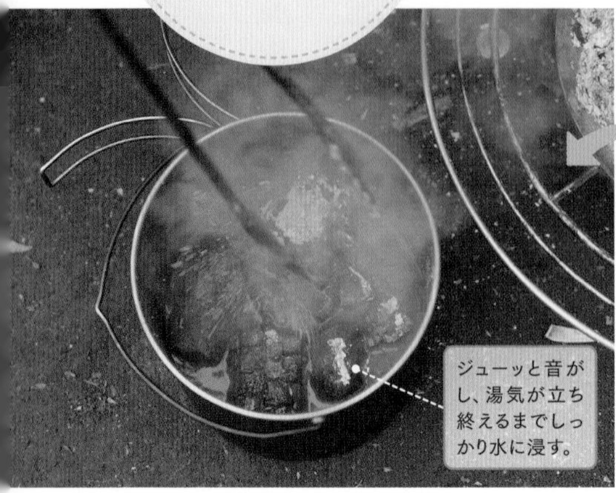
ジューッと音がし、湯気が立ち終えるまでしっかり水に浸す。

水を入れた金属製のバケツや深鍋に炭をつけて鎮火させる。炭は一度濡れても、乾かせば「消し炭」として再生用可能。着火しやすいので火おこしに使える。

焚き火は人をつなぐ 1

「火とナイフ」は国境を越える

「火とナイフ」は、幼い頃から僕の日常に欠かせないものでした。火とナイフにまつわることをやり続け、いまの自分ができあがったのだと思います。

僕が55歳のときに、一通の手紙が届きました。スウェーデンのモーラナイフから、公認のアンバサダーになってほしいという依頼でした。

日本や台湾で、木工や焚き火のレクチャーをしてきたことを見てくれたのでしょう。そして、世界中のアンバサダーが集まる「モーラナイフアドベンチャー」というイベントでは、世界各国で活躍するアンバサダーたちとの交流が生まれました。木工のレジェンド、スウェーデンのヨゲ・スンクヴィストさん（P95）や、世界的なブッシュクラフター、デイブ・カンタベリーさん（P156）などと僕の尊敬する人たちと出会ったのもこのイベントでした。

焚き火を囲むと、人はフラットになります。台湾でいっしょに焚き火をし肉を炙り、スウェーデンでフィーカをともにすると、国籍や年齢が違えども、自然を愛する精神は変わらないのだとつくづく感じるのです。火とナイフがここまで連れてきてくれました。好きなことをやり続けていてよかった、と感じる瞬間です。

2019年の冬に開催された台湾でのイベント。リクエストに応えて、ラム肉の焚き火料理をいっしょにつくった。

初めて参加した「モーラナイフアドベンチャー」（2019年）にて。世界中のアンバサダーが集まり、交流を深めた。

Part 2

フィーカの時間

～お茶とおやつでひと息つく

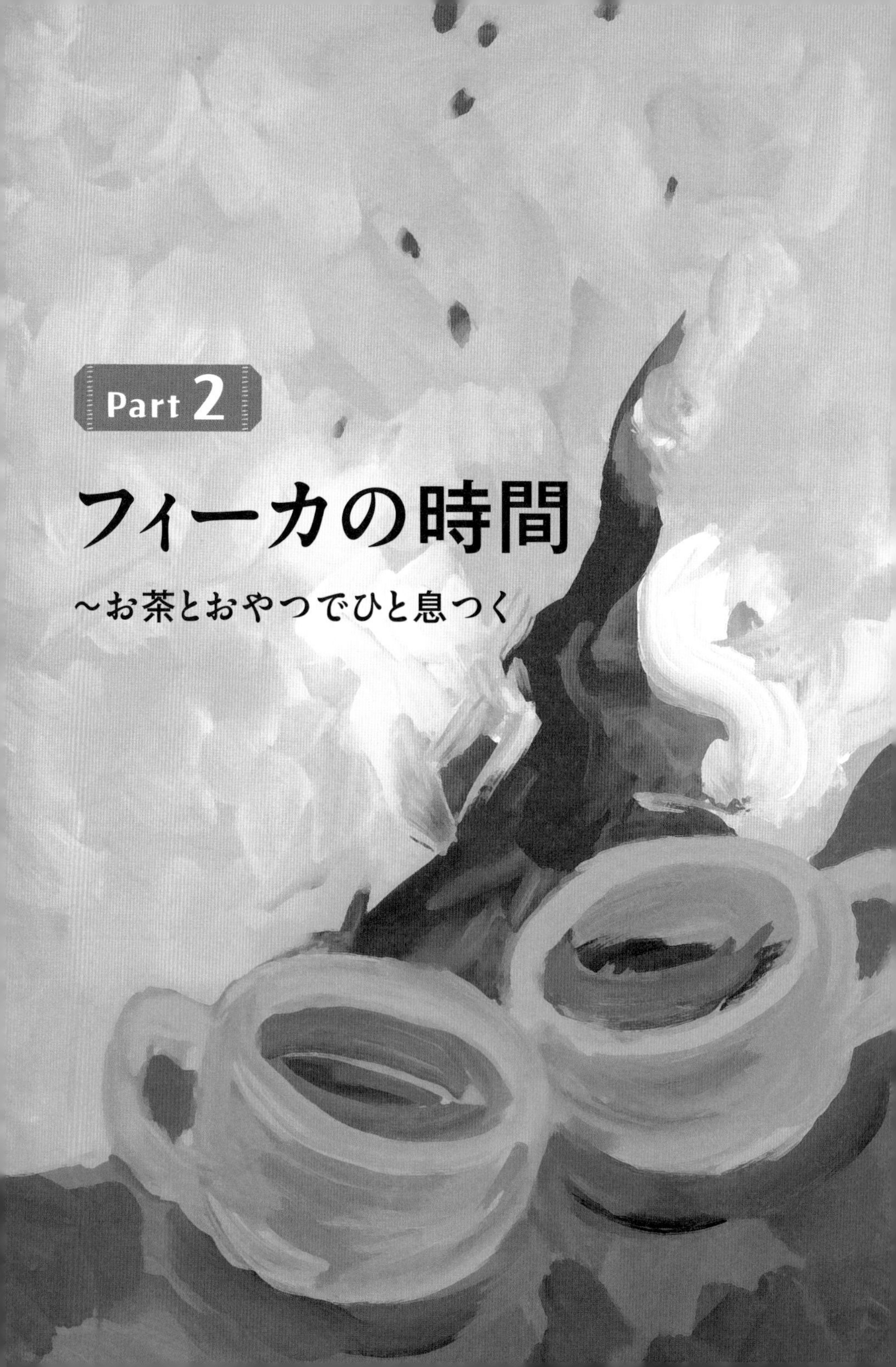

フィーカ

焚き火の前で「おいしい休憩」を！

グリドル（プレートの調理器具）の専用バッグに食材も入れて。
「ダーラム ヤルダ キャリー バッグ（50㎝）」

スウェーデンにはフィーカ（Fika）という習慣があります。仕事の合間のコーヒーブレイク。コーヒーとシナモンロールで、同僚と談笑しながらひと息つく時間です。

仕事でスウェーデンに行き、現地のアウトドアマンたちと過ごすと、彼らも野外で「ちょっとお茶」が大好きなことがわかります。スウェーデンの友人トビアスさん（P92）は、自分で開発した軽量グリドルとフィーカの食材を背負い、森に僕らを連れて行ってくれました。眺めのいい場所を見つけると、小さな焚き火をつくり、フィーカがスタート。コーヒーをいれ、パンケーキを焼き、森で摘んだベリーやキノコを添え、食べながらおしゃべりします。

昔は日本でも、焚き火を囲んで焼いた餅やいもをほおばり、立ち話をしたといいます。

スウェーデンのように身近に焚き火ができる環境は、日本にはあまりありませんが、キャンプ場なら叶います。午後のひととき、そんなフィーカを楽しんでみてはいかがでしょう。

グリドルでスウェーデン式
パンケーキ（P70）を焼く。
甘さ控えめで、ベーコンと
もフルーツとも相性抜群。

フルーツを煮詰めた
半生ジャムを添えれ
ば北欧風フィーカに。

パンケーキミックス
に水を混ぜて振るだ
けでOK。
「ダーラム パンケーキミッ
クス」

焚き火ベーコンは焚
き火に欠かせない。
いぶし続けることで
おいしさがアップ。

軽食・おやつ

スウェーデン式
パンケーキ

北欧のパンケーキは、甘さ控えめでモチモチの薄焼き。好みでフルーツ、ベーコンなどとあわせて。

材料

- パンケーキミックス…… 125g
- 水…… 250mL
- 好みのフルーツ…… 適量
- ワイン（赤／白）…… 適量
- ベーコン…… 適量
- じゃがいも…… 適量
- オリーブオイル…… 適量
- バター…… 適量

約30分

1 パンケーキミックスと水を混ぜる

袋をボウルがわりに。かくはん時に空気を含ませるのがコツ。

パンケーキミックス（今回は「ダーラムパンケーキミックス」を使用）の袋に水を注ぎ、かくはん。オリーブオイルを少し入れてなじませるとこげつきにくい。

2 フルーツをカット

ぶどうやオレンジ、りんごは皮ごと好みのサイズに切る。

3 とろ火にかける

カットしたフルーツを、シェラカップに入れてとろ火にかけて、ときおり混ぜる。

4 ワインを加える

ミックスベリーには赤ワインを、ぶどう、オレンジ、りんごには白ワインを注ぎ、好みで半生ジャム状に。

アレンジ
ポテトパンケーキ

モーラナイフアドベンチャー（P66）で出会ったポテトパンケーキ。細切りしたじゃがいもを丸く敷いた上にパンケーキミックスを流し込む。

アレンジ
スウェーデン式お好み焼き

先に豚バラ肉を塩と粗挽きこしょうで炒め、パンケーキミックスを流し込む。トビアスさんから教えてもらったお好み焼き的な食べ方。

5 パンケーキを焼いて盛りつける

よく熱したグリドルにバターを落とし、パンケーキミックスを流し、食べるぶんだけ焼いていく。合間にスライスしたベーコンをカリカリに焼き、パンケーキの上に2～3枚のせ、半生ジャムを盛りつける。

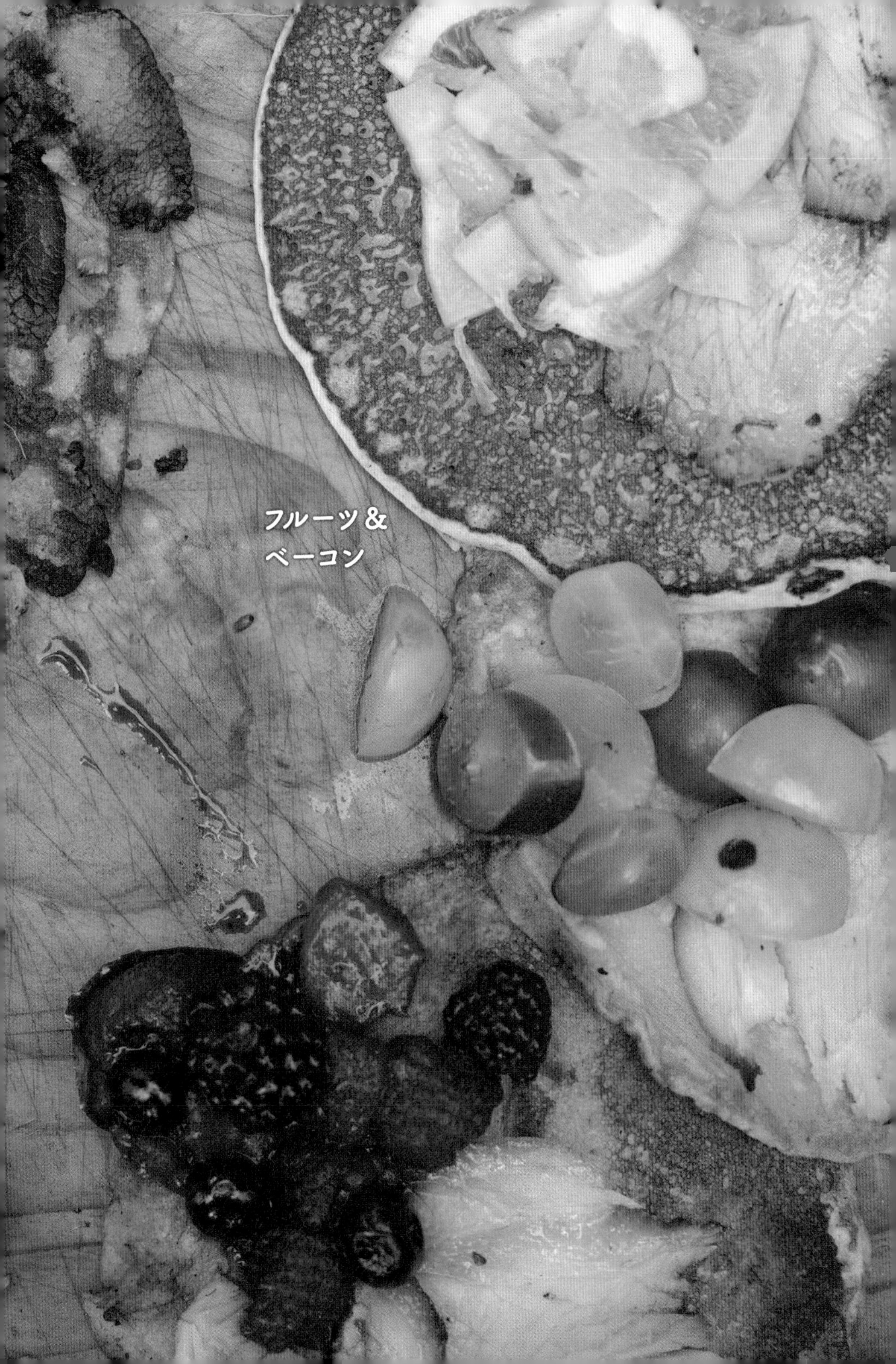

フルーツ＆
ベーコン

ベーコンなどの肉類とジャムやフルーツをいっしょに盛るのがスウェーデン式。肉の塩気と脂が、フルーツのフレッシュな甘酸っぱさと混ざり合い、絶妙な味のバランスに。

軽食・おやつ

直火焼きいも

材料

・さつまいも（小ぶりのもの）

約2時間

アルミホイルを使わなくても、灰をまぶすことで、
さつまいも本体は焦げずに甘くねっとり仕上がります。

1 灰をかぶせる

灰を1か所に集め、1cm程度の層をつくり、さつまいもを置く。さつまいもに灰をかぶせ、その上に熾《おき》火《び》を置く。

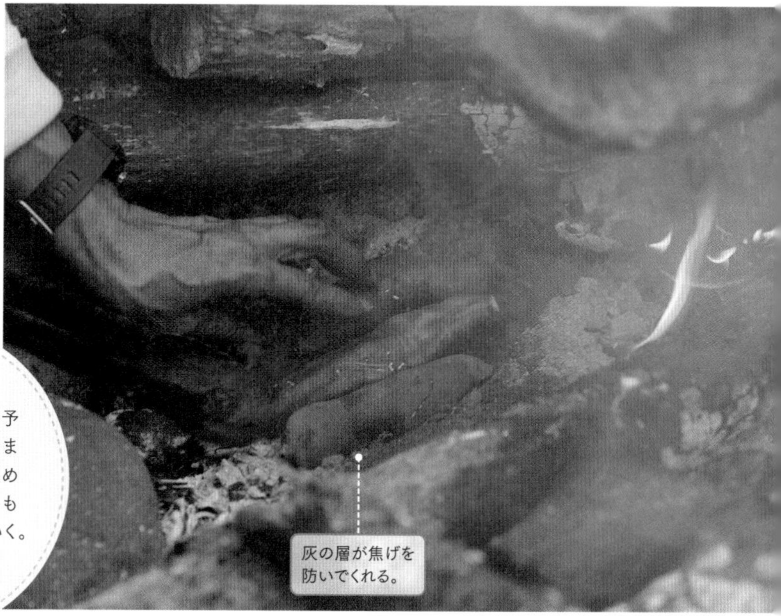

Point

地面の予熱

焚き火で地面を熱し、予熱を蓄えておく。さつまいもの周囲に熾火を集める。ときどきさつまいもをまわしながら焼いていく。

2 約2時間後にとり出す

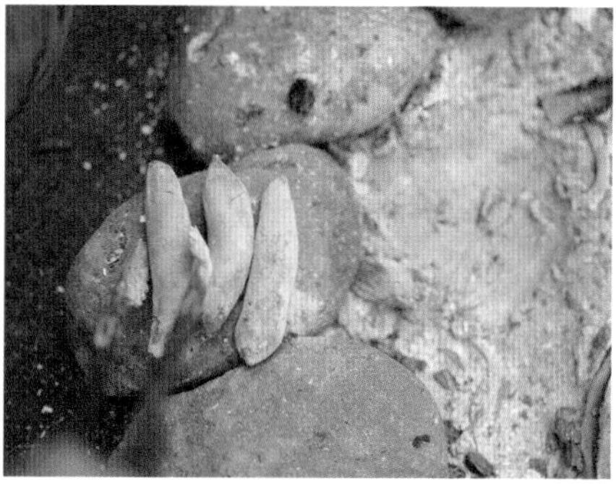

2時間程度経ったら、灰のなかからさつまいもをとり出し、灰を払う。

3 ホクホクねっとりの焼き上がり

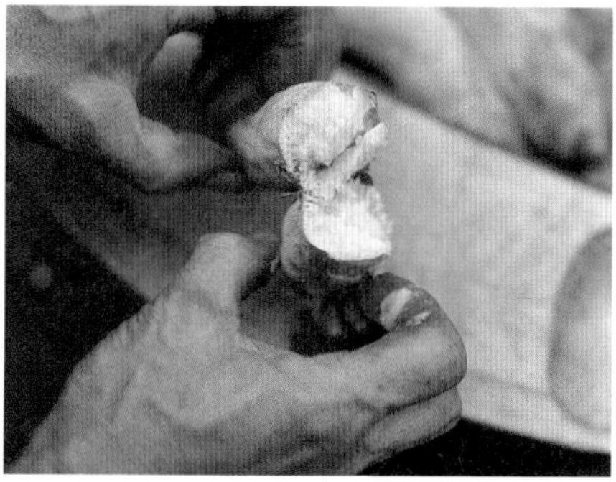

外側はパリッと、中心には粘り気があり、ホクホクの焼き上がり。皮を外して食べる。

おすすめ！

皮ごと焚き火食材

じゃがいもやにんじん、かぼちゃ、とうもろこし、ズッキーニ、たけのこ、バナナ、りんごなどもおすすめ。

焚火台で焼いもをするときは、ダッチオーブンを使う。敷網を入れ、その上に芋を置き、蓋をする。蓋上にも熾火を置き、鍋全体から熱する。串を刺してスッと通るのができあがりの目安。

軽食・おやつ

ローストビーフ・サンド

前の晩につくった肉料理をサンドイッチにアレンジ。
焚き火で焼いたパンにはさむと、極上の味わいに。

約 20 分

材料

- ・パン…… 適量
- ・網焼きローストビーフ（P152）
- ・サニーレタスなど…… 適量
- ・塩…… 適量
- ・粗挽きこしょう…… 適量
- ・トマトケチャップ…… 好みで
- ・マスタード…… 好みで

1 熾火でパンを焼く

まず熾《おき》火《び》を集め、その上に網を置き、パンを並べる。

2 ローストビーフをのせる

つくっておいた網焼きローストビーフをスライス。サニーレタスなど（オニオンスライスもおすすめ）とともにパンにのせる。

Point 遠赤外線

焚き火の炎は水分含有量が低く、遠赤外線（モノを温める電磁波）効果が高い。パンの表面を均等に熱し、パリッと乾燥。トースターとは違う味わいになる。

3 好みで味をつける

挽きたてのこしょうをたっぷりと。塩やマスタード、トマトケチャップなどは好みで。

手間いらずで朝食にぴったり。キャンプの帰り道に食べるのもGOOD。

牛筋煮込み用に多めにつくっておいたゆで卵（P144）も添えて。

前の晩につくった肉料理は残しておき、翌朝トーストにしたパンではさみ、サンドイッチにアレンジ。

マッカラ

約20分

材料

・ソーセージ…… 好みの量
・マッシュルーム…… 好みの量

マッカラは北欧・フィンランドのソーセージ。
焚き火のときやサウナの後に楽しむ気軽なおつまみです。

1

ソーセージ、マッシュルームを焼く

先にマッカラソース（P79）をつくり、熾火《おきび》を集めておく。鉄串にソーセージ、マッシュルームを刺し、軽く焦げ目がつくまで焼く。

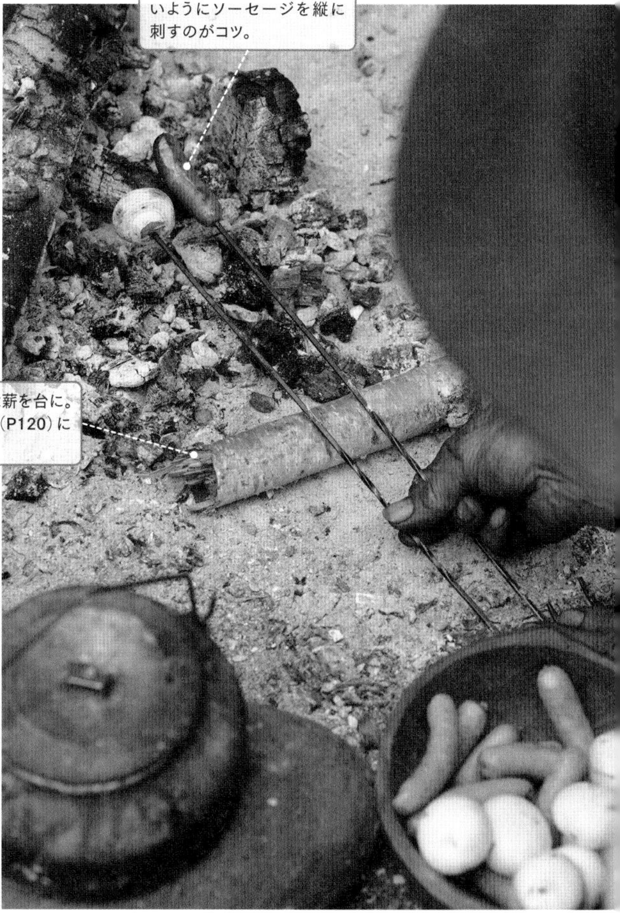
串は小枝でもOK（P122）。ナイフで削り、先が飛び出ないようにソーセージを縦に刺すのがコツ。
手ごろな薪を台に。遮熱壁（P120）にもなる。

Point

串を固定

数本同時に焼きたい、手を放したいときは、その場にあるもの（今回はケトル）を重しに、串を固定するといい。

重し

2 ソースをかけて完成

焼けたら、アツアツのうちにマッカラソースをかけて食べる。

サウナマッカラ

フィンランドでは焚き火以外でも、サウナの後、サウナストーン（焼け石）の余熱でソーセージを焼く「サウナマッカラ」という食文化がある。

フィンランド風マッカラソースをつくる

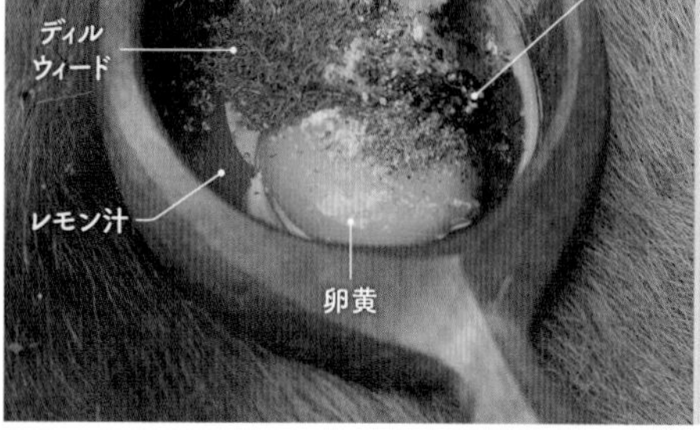

1 卵黄と同じくらいの量のディジョンマスタードを入れ、オリーブオイルをひたひたに注ぐ。

2 塩、粗挽きこしょうを好みの量だけ加え、レモン汁を加える。

3 マリネなどに使われるセリ科のハーブ・ディルウィードを適量加える（パセリでもOK）。

4 最後によく混ぜ合わせる。卵黄とマスタードの濃厚ソースができあがる。

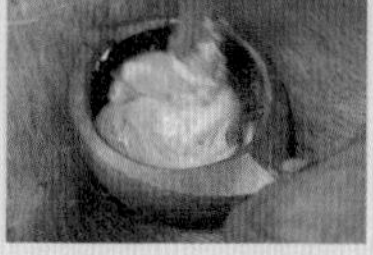

軽食・おやつ

焚き火ベーコン

材料

- 豚バラブロック…… 2500g
  ＊なるべく赤身が多いものを選ぶ（つけ汁を吸い込みやすい）。
- ブレンド塩

15 時間以上

＊下ごしらえを除く

常温でも腐りにくく、クーラーボックスも不要。
連泊キャンプでの焚き火の定番メニュー。

長野流焚き火ベーコン用ブレンド塩レシピ

（豚バラブロック2500gに対して）

- 塩…… 3.5％（約88g）
- 三温糖…… 1.75％（約44g）
- 粗挽きこしょう
  …… ホールで10粒程度（真夏・真冬は多め）
- にんにく…… 1片
- とうがらし…… 2本
- ローリエ…… 2枚

にんにくは先につぶし、とうがらしはさやのまま、粗みじん切り。ローリエは手で細かくちぎり、ほかの材料と混ぜる。

1 下ごしらえ ブレンド塩で漬け込む

オリジナルの漬け込み用のブレンドハーブ塩を豚バラブロックに擦り込む。

2 下ごしらえ 4日間寝かせる

肉汁が出てきた2日目に、肉をもんで上下を入れ替える。

ビニール袋ごと肉をもみ、ブレンド塩をなじませる。ビニール袋から空気を抜き密閉。10〜15℃の冷暗所（凍らせたペットボトルを入れたクーラーボックスなど）で4日間寝かせる。

3 S字フックを鎖にかける

トライポッドに鎖を設置。肉の四隅にS字フック（P81）を刺し、肉の繊維を縦方向にした状態で鎖にかける。

Point

S字フック

肉のブロックをトライポットに吊るすときに欠かせないのがステンレス製のS字フック。事前に片側をやすりで削り、肉を刺しやすいようにとがらせておく。

4 肉をピンと張る

肉がよれるときは、小枝をつっかえ棒にし、固定する。

初日は肉がまだやわらかい。肉の繊維を縦にし、左右をピンと張り、肉がよれないように位置を調整する。

5 風向きに合わせ向きを調整

熱と煙が肉に当たるように、風向きに合わせ、向きを調整。最初は強火で、表面が乾いたら熾火《おきび》にする。途中で何度か上下をひっくり返し、じっくり均等にいぶしていく。

火床に脂が落ちると、炎が上がり、焦げやすくなるので、脂がついた薪はできるだけよける。

アレンジレシピ

焚き火ベーコンセットごはん

焚き火ベーコンはそのままでも、炙ってもおいしい。
混ぜても出汁をとってもOK。アレンジは無限大。

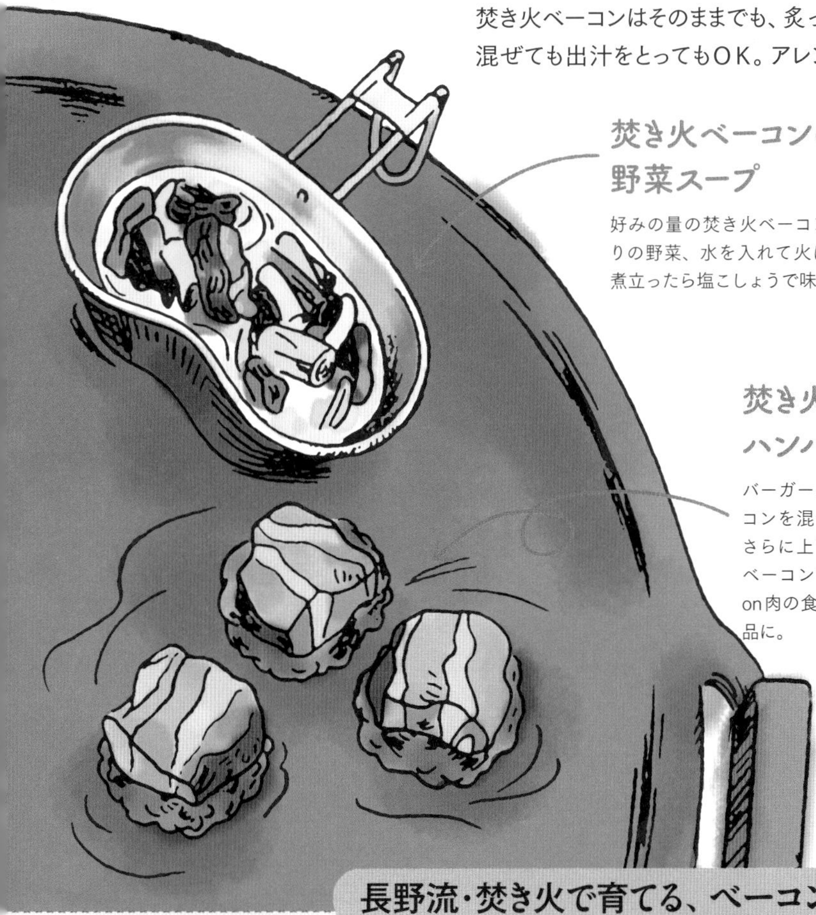

焚き火ベーコンの野菜スープ

好みの量の焚き火ベーコンとたっぷりの野菜、水を入れて火にかける。煮立ったら塩こしょうで味をつける。

焚き火ベーコンのハンバーグ

バーガーパテに刻んだベーコンを混ぜ、俵型に整え、さらに上下をスライスしたベーコンではさみ焼く。肉on肉の食べ応えのあるひと品に。

長野流・焚き火で育てる、ベーコンの熟成度

焚き火ベーコンづくりの一例を紹介(実際は季節や天候、火力によって異なる)。
熟成度にもよるが日もちは3〜6週間。

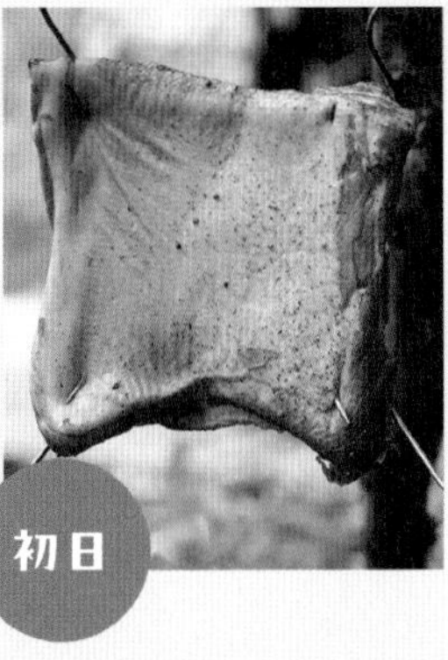

初日

焚き火の輻射熱と上昇気流にさらされ、表面の湿気がとれていく。まだ生っぽさは残っている。

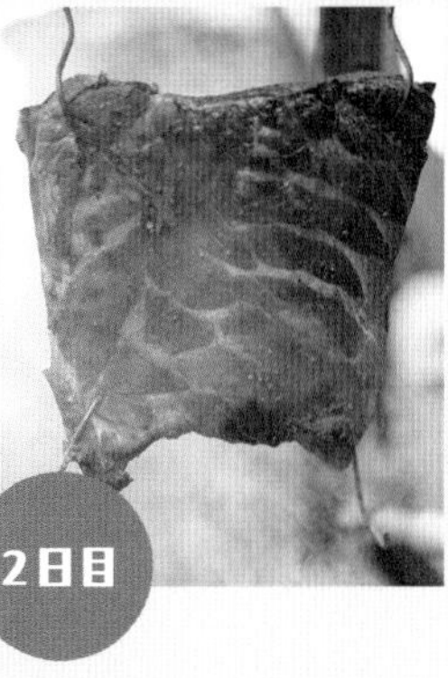

2日目

煙にいぶされ、飴色に変化。吊るした下方から水分が抜け、縮んでいくので、上下を入れ替える。

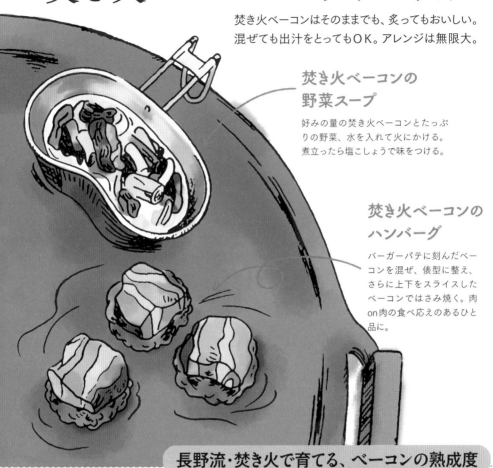

Point

15時間いぶせないとき

15時間以上いぶせないときはクッキングペーパーで包み、冷蔵庫の野菜庫へ。肉の水分が抜けていき保存性も増す。20日以内に再度焚き火へ。焚き火の予定がないなら、ゆでる（下参照）。

焚き火ベーコンの炊き込みごはん

焚き火ベーコンと野菜を入れて炊き込む。味が薄いときには好みで塩こしょうを振る。

焚き火ベーコンのパスタ

キャベツや玉ねぎと合わせてあっさり和風パスタにしたり、チーズ＆卵黄＆生クリームを加えてカルボナーラにしたり、パスタのアレンジは無限。

焚き火ベーコンのチャーハン

刻んだベーコンを炒め、脂が出てきたら野菜、卵、ごはん、小口ネギの順に炒めていく。

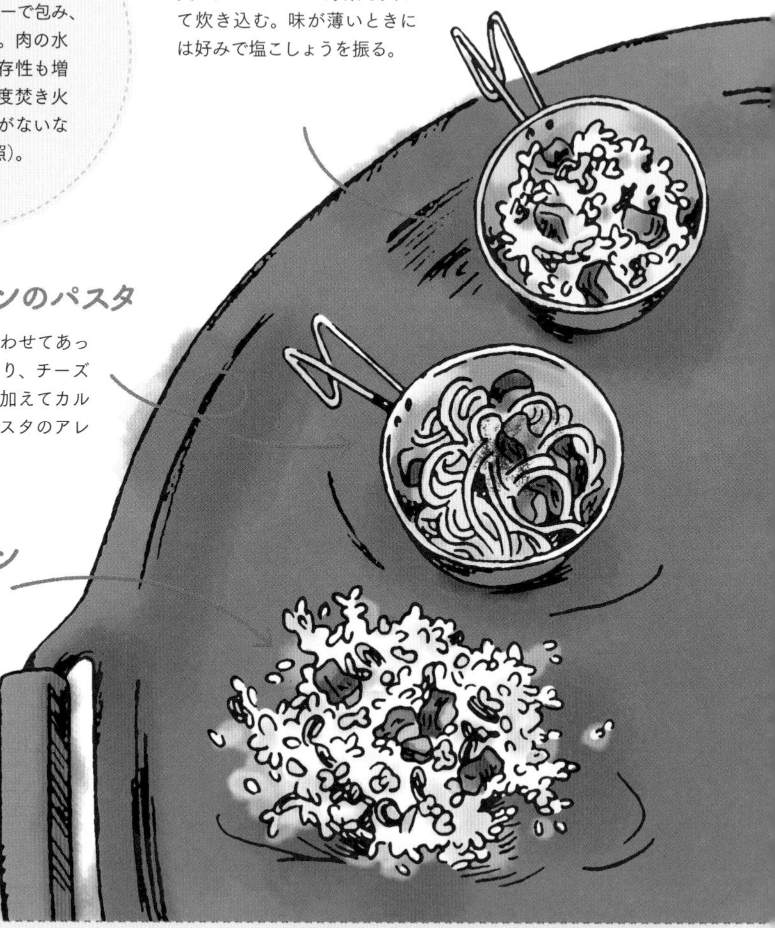

加熱が不安なときは

生焼けは食中毒の危険も。加熱が不安な場合は、できたベーコンをさらにゆでる。肉温度計を肉に刺し、中心が63℃になったら、30分以上加熱。

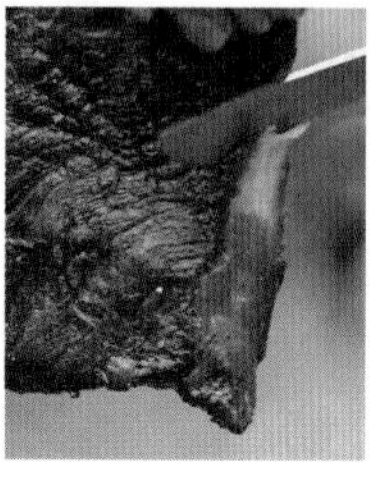

食べ頃

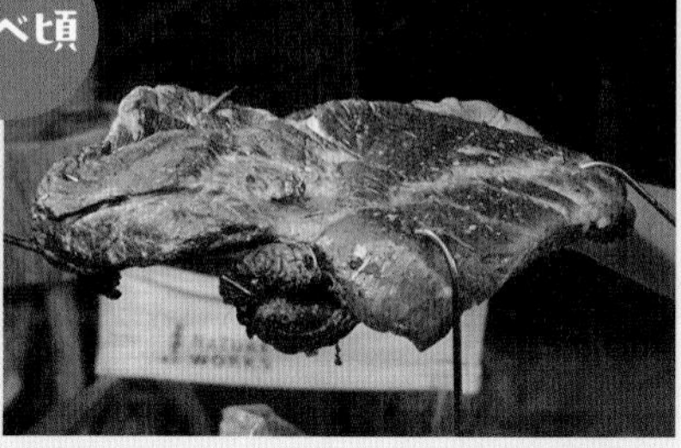

２日間で15時間以上が目安。水平にしたときに肉がよれない。上は秋の北海道で4日間かけていぶしたもの。

お茶の時間

お茶が「余裕」をつくってくれる

キャンプの朝は、焚き火と一杯の温かいコーヒーから始まる。

野外で温かいものを飲むと、心底ホッとします。僕はお酒を飲みません。そのかわり、大のコーヒー好き。以前は紙フィルター、水蒸気を活用するパーコレーターというコーヒー器具で抽出していました。

いまは、沸かした湯に挽いた豆をたっぷり入れる煮出しコーヒー。北欧の山仕事の人たちのいれ方で（P86）、道具はヤカンだけというシンプルさにやられました。野良仕事の合間、いつでも焚き火の横で温めてある〝うまいコーヒー〟が飲めます。

僕は茶道を習ったことがあり、季節の花を愛でながら、家や外で抹茶をたてます。

僕のワークショップでは、ときおり焚き火から炭をとり、湯を沸かして抹茶をたてることもあります。

焚き火のヤカンでいれるコーヒーや野草茶も、根底は茶道に通じるように思います。自然のなかでお茶をいれると、時間がゆっくり流れ、余計なことを忘れて穏やかな気持ちに。お茶は、人に「余裕」をつくるためのツールにもなるのでしょう。

ヨモギ、スギナ、ドクダミ……おいしい野草を集めたら、縛って吊るし、焚き火で乾燥させていく。

トランギアとレンメルコーヒーのコラボケトル（左）と、湯沸し器として使っている15年モノのＧＳＩのコーヒーボイラー36cup（右）は、つねに焚き火のなかにある。

材料

・コーヒーの粉……適量
＊豆を挽いたもの。

煮出しコーヒー

煮出しコーヒーは、水に粉を入れて沸かしても、火にかけて煮出しても、また沸かし湯に入れて寝かしてもOK。好きないれ方で飲んでください。

1 湯にコーヒーの粉を入れる

ケトル（ヤカン）で湯を沸かす。ケトルの中央にコーヒーの粉の山が見えるくらい、たっぷり入れる。

コーヒーの山

2 15分間置く

長野流では火にはかけずに15分間放置（目を離せるのでラク）。ケトルは火のそばに置いて保温しておく。

持ち手は必ず火とは逆、人の側に倒しておく。

Column

山仕事の人たちが愛飲したコーヒー

北欧の煮出しコーヒーといえば「レンメルコーヒー」。ラップランド発祥の山仕事の人たちに愛されたフィールドコーヒーのブランドです。山仕事の合間、目分量でケトルに粉を入れ、焚き火にかけて煮出し、上澄みを飲む。フィールドコーヒーは、ドリップコーヒー以前のコーヒーの飲み方でした。

レンメルコーヒーは、このスタイルを現代に復活させたメーカー。粉は缶で保管しますが、持ち歩くときは当時になぞらえ、トナカイの革袋に入れています。

「レンメルコーヒー缶」（左）と「レンメルコーヒー オリジナル450G」

3
遠心力で粉を沈める

ケトルを持ち、左右に数回往復させて、遠心力を使い、コーヒーの粉を底に沈める。

周囲に人がいないことを確認。コーヒーが飛び出しても自分にかからないようにケトルの注ぎ口を自分の外側に向ける。

4
落ち着いたら カップに注ぐ

ケトルを置き、粉が沈むのを待ち、静かにカップへ。湯が切れたら、二番茶ならぬ二番コーヒーを。水または湯を足し、少し沸かし、粉を足して15分待つ。

Point

ケトルの小枝使い

臨機応変に小枝や薪でケトルを操れれば、煮出しコーヒー上級者！

材料

- ・ヨモギ……一束
- ・スギナ……一束
- ・ドクダミ……一束

＊野草の見分け方はP31。

コーヒー＆ティー

野草茶

野草は、焚き火で乾燥させるとスモーキー＆ワイルドな味に。天日だとさわやか、スキレットで炒《い》ると香ばしい味になります。

1 野草を摘み、麻紐でくくる

野草（今回はヨモギ、スギナ、ドクダミ）を摘む。乾燥させるので多めに採取しておく。野草の軸を麻紐でくくる。

2 焚き火で干す

カラカラになるまで干す。生っぽいとえぐみが出る。

Column

キャンプのお供に欠かせないヨモギ茶

キャンプで各地を巡るときに、ヨモギ茶葉を常備しています。血行促進効果や整腸作用があり、ヨモギ茶を飲むと、野外生活をしていても調子がいい！ 乾燥していて喉がちょっと……と感じるときも、ヨモギ茶で回復ということがあるのでおすすめ。

また、ヨモギに含まれるシネオールという成分には防虫効果があり、茶殻を干してから熾火でいぶすと蚊よけになります。僕にとってはキャンプのお供に欠かせないお茶です。

干した茶殻を熾火でいぶせば防虫剤に。

3

お茶をいれる

沸騰させた湯に、乾燥させた野草を入れて好みの時間抽出。お茶をいれる（それぞれのいれ方のコツはP90）。

えぐみを楽しみたいなら
1分待つ

ヨモギ茶

●ヨモギの軸を持ち、沸騰した湯に入れ、すぐにケトルを火から下ろす。そのまま約30秒待ち茶葉を外すと、えぐみのないさっぱりした味に。
●１～２分間湯に放置すると、香りが強まりえぐみが生まれる。薬草効果を得たいなら後者で。

野草味を感じたいなら
長めに煮出す

スギナ茶

●あっさり飲みたいなら、沸騰した湯にスギナを入れ、すぐにケトルを火から下ろす。
●スギナの野草味を感じたいなら、湯に入れ、火にかけたままで20～30秒煮出す。

陽光にさらした茶葉を長く
煮出すとウーロン茶の味わい

ドクダミ茶

●ドクダミは日陰に干すと緑色に、陽光にさらすとウーロン茶のような色合いになり、味もそれに近くなる。
●いれ方はスギナ茶同様。長く煮出せば、ドクダミの濃厚な香りと味を楽しめる。

〔野草茶色くらべ・味くらべ〕

スギナ

野草らしさがあふれ、笹茶のようなさわやかな香り。ミネラル豊富で利尿作用が高い。微量のニコチンを含むので飲みすぎに注意。

ヨモギ

短時間で抽出したものはほのかな甘味とやさしい味。時間が経つと、漢方薬のような薬草の香りとえぐみが生まれる。冷やしてもおいしい。

＼さわやか／

＼ほのかな甘味／

＼まろやか／

ドクダミ

ウーロン茶のようなまろやかな甘味と香り。冷めると野草の香りに変化。抗酸化作用、抗菌作用、利尿作用などの薬効が知られている。

＊野草茶は、それぞれに高い薬効がある。持病などがある人は、薬効を確かめてから。いずれも飲みすぎは避ける。

焚き火は人をつなぐ 2

アウトドア体験をみんなと分かち合う

紅葉が進むわが家の焚き火場に、スウェーデンから、トビアス・エクルンドさんと息子のヴィクトルさんが遊びに来てくれました。

トビアスさんはダーラムというアウトドアメーカーの創業者・CEO。自然のなかで気軽にアウトドアクッキングを楽しめるようにと、軽量のグリドル（P45）を開発し、人気を博しています。彼ともスウェーデンのモーラナイフが縁で出会いました。彼は、日本とスウェーデンには、自然への向き合い方などに共通項があると感じているようです。

北欧エリアはアウトドアが盛んですが、昔にくらべるとデジタル化の影響を受け、焚き火やナイフに触れる機会は減っています。親世代が火をおこせない、刃物を使えないとなると、子どもにその文化は継承されません。道具はあってもスキル不足。彼らから北欧のアウトドア事情を聞くと、日本とよく似た状況なのだとわかります。

トビアスさんは、メーカーとしてモノをつくるだけでなく、体験を伝え、文化をつなごうとがんばっています。そんな彼から、僕は大きな刺激を受けています。

アウトドアの体験を自分の代で終わりにせず、人につなげていく。みなさんも友だちやお子さんを、焚き火に誘ってみてください。体験を分かち合うことで、自然から受けとる喜びは何倍にもなります。

トビアスさん(左)とグリドルについて新しいアイデアを出し合う。製作したモノを使い、また修正を加え、新しいモノが生まれる。

長野家の手づくり小屋にて。「アウトドアを楽しまない家もあるから、僕らは小学校やボーイスカウトでナイフや火のことを勉強するんだ」と息子ヴィクトルさん(右)。

Part 3

ウッドカービングの時間

～火を眺めながら、木を削る

のこぎり・斧・ナイフ

自分の手の延長のように使う

愛用のナイフ収納ケース。
「サンドクヴィスト×モーラナイフ ライシェン ウッドカービング ナイフロール」

昔は子どもでも刃物で鉛筆を削り、遊び道具をつくり、日常的に刃物を使ったものです。いまやナイフを使うのは、キャンプのときぐらいかもしれません。

手持ちのナイフがあるなら、火に当たりながら、転がっている薪を削ってみるのもいいでしょう。ナイフから手に響く、木が削れていく感覚は、なんとも気持ちがいいものです。

ナイフ1本あれば箸やバターナイフなどいろいろなものがつくれます。もっとこだわってみたい、スプーンや皿などをつくりたい、となったら、ナイフの種類を増やします。

刃物の形状は、先人が試行錯誤をくり返した結果生まれたもの。粗く削りたいなら斧（アックス）、くぼみをつくりたいならフックナイフ、用途で形状が決まっています。

ナイフはモノを切る道具ですが、僕には自分と自然をつなぐ手の延長のように思えます。ナイフをきちんと使いこなせたとき、自分と自然との境目が消えていくような気持ちになります。

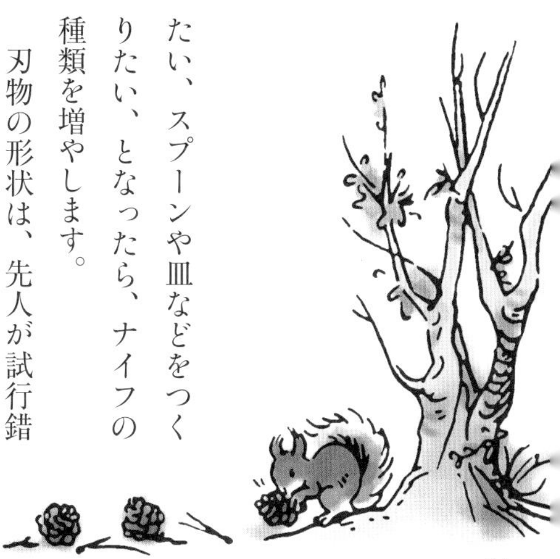

A
キャンプ斧

斧頭（ヘッド）が重く、柄が長め。太い木も割りやすい。斧頭は鍛造後に焼き戻しされ強靭。ハンマーとしても使える。

「カウンシルツール フライングフォックス ウッズマンハチェット」

B
ウッドカービング用斧

刃のエッジは鋭く、30～32度の角度があり、木を削りとるような木工に向く。斧頭のすぐ下でバランスがとれるので、実際の重量より軽く感じる。

「カルソフ スモールカーバー01」

C
シルキー製のこぎり

日本はのこぎりをひいて切るが、欧米は押して切る文化。シルキー製は押す・ひくOK。初心者でも目が詰まらず切り進められる。

「シルキー　ゴムボーイ」

D
ウッドカービングナイフ

ウッドカービング専用のナイフ。敬愛するスウェーデンの木工家ヨゲ・スンクヴィストさんがシラカンバから削り出した柄に修平（SHOHEI）と彫って贈ってくれた。シースも手づくり。

「モーラナイフ ウッド カービング 106（LC）」

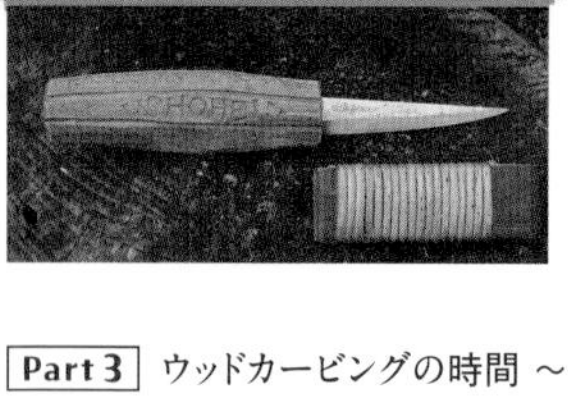

E
フックナイフ

フック状のカーブでスプーンやボウルの内側を彫るウッドカービング用フックナイフ。両刃で、押してもひいても削れる（左／右のみの刃のものもある）。

「モーラナイフ フックナイフ 162 ダブルエッジ（S）」

F
フルタングナイフ

ウッドカービングはもちろん、ブレード（刃）の鋼材がハンドルの末端まで伸びている（フルタング）のでバトニングもOK。

「モーラナイフ　ルーク ブラックブレード（S）アッシュウッド」

のこぎり・斧・ナイフ

刃物の使い方の基本

刃物の特徴を押さえ、機能を最大限引き出すために、
正しい使い方をマスターしましょう。

Point

斧で切り削ぐ

カービングで斧を使うとき、まずは手首のみで振る。斧頭が振り子のように回り、材を薄く削いだり、深く切り込みを入れたりすると形づくっていける。

大きく

削る

大きく削る場合は肘から振り落とし、材に当たる直前に手首で振り子のように斧頭をスイングさせて削る。

細かく

削る

斧で細かく材を削りとるときは、斧の柄をさらに短く持ち、指を斧頭に添える。刃先を細やかに動かすことができる。

斧頭に人差し指を添えて、細かく動かす。

斧の基本動作

重みに任せ

太い木を断ち切る

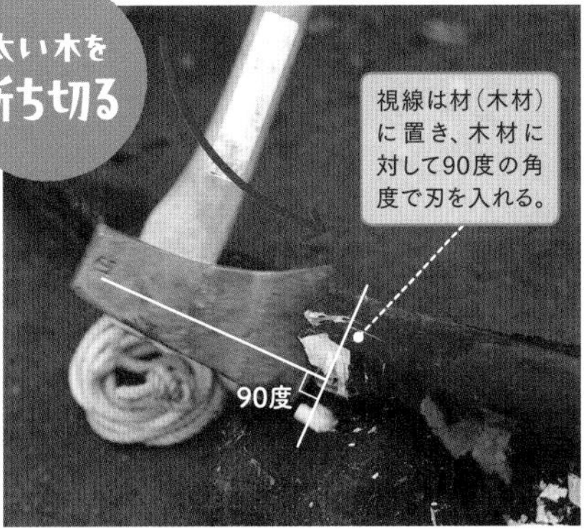
視線は材（木材）に置き、木材に対して90度の角度で刃を入れる。
90度

両手でバットのように斧を握る。両足を肩幅以上に開き、振り下ろしたときに足に当たらないように。斧の動線コントロールに徹し、斧頭の重みに任せ振り下ろす。丸太を回しながら切り込みを入れて断ち切る。

斧の位置を固定

太い木を削ぐ

斧の柄をやや短く持ち、木の台に対して90〜60度で斧を振り下ろす。丸太を傾け角度を調整しながら削ぐ。これは丸太の先を斧でクサビ形にしているところ。

片方の手で材の角度をつける。木材側を動かす。
60〜90度

のこぎりの基本動作

材を水平に固定し、切るラインへのこぎりの刃を垂直に当て前後にまっすぐ押しひき。真上から利き目で確認しつつ、まずゆっくり数回。あとは切れ目に沿って一定のリズムで。

シルキー（P95）はアサリがないので押しひき双方で切れ、刃も長寿命。ラクに切れ、切断面もきれい。
切り落とさない側を固定し支える。

Point

アサリ

一般的なのこぎりには摩擦軽減のアサリ（刃の左右交互に出ている突起）がある。日本用のものは「ひいて切る」のが基本。

フックナイフの基本動作

右側で

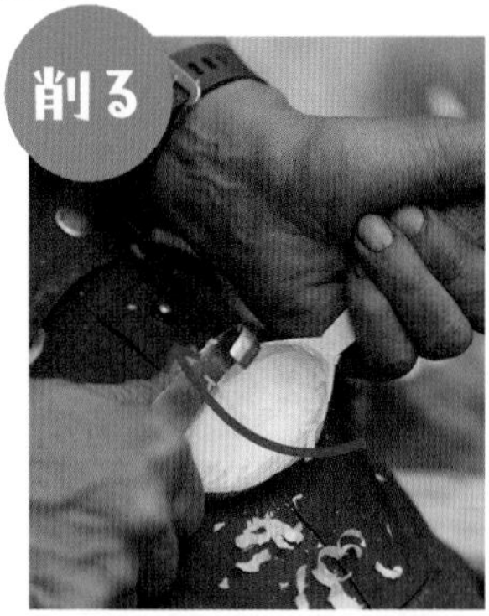

削る

材をしっかり持ち、材の手前に親指を当て、刃を引き寄せて削る。りんごの皮剥きに近い。慣れるまでは親指を切りやすいので注意。

左側で

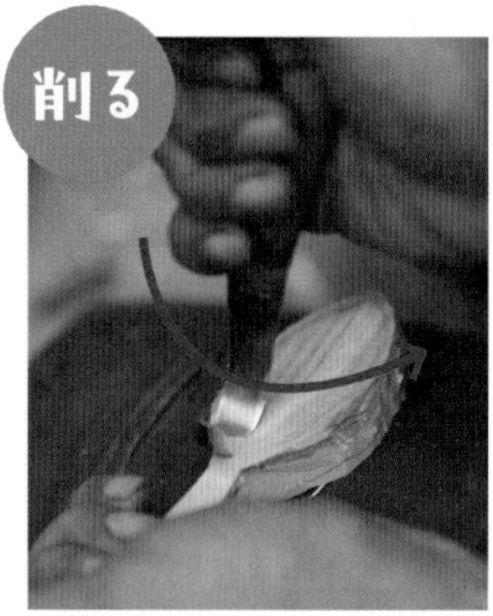

削る

エッジラインに刃を当て、奥から手前に向け、すくうように削る。レバーを奥へ倒すイメージ。両刃なので手前からも同様に。

持ち方

柄を手のひらで包み、手の端が刃にかかるぎりぎりの位置で持つ。

Column

最終的には手袋なしで挑戦

初心者の場合、手袋をしたほうがいいでしょう。市販の刃物作業用の耐《たい》切《せつ》創《そう》手袋や指サックがあります。

最終的には手袋なしで刃物を扱うのが理想です。やっぱり手袋と素手ではフィット感が違い、素手だと細やかにコントロールできます。何より、より注意深く集中しナイフに向き合えます。

いちばん避けたいのは刃物でけがをすることです。とくにナイフを持たない手は注意。各自が判断し手袋をしてください。

耐切創手袋はホームセンターなどで入手できる。

ナイフの基本動作

大きく 削る

チョッピングブロック（P99）や地面などで材を安定させる。

ナイフをグーでしっかり握り、削り始めに刃を当てたら、肘から先を一体化させ肩と肘の曲げ伸ばしのみで削る。なお、ナイフは必ず動脈が通る内股の外で動かす。

手元で 削る

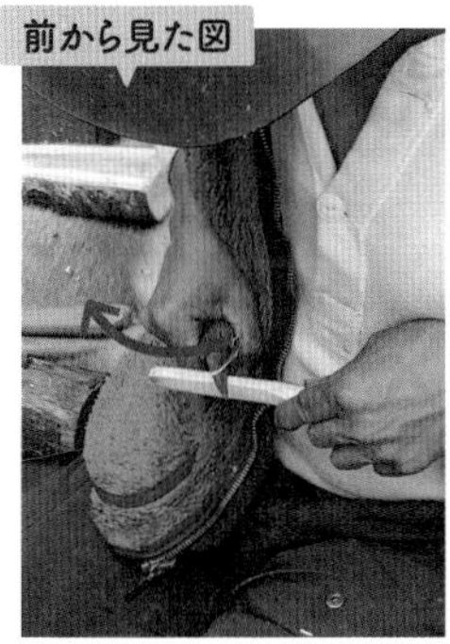
前から見た図

刃が向かう先に人がいないことを確認。

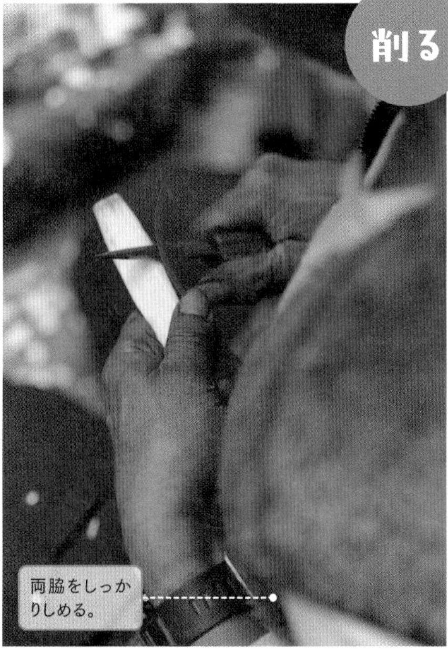
両脇をしっかりしめる。

脇をしめ、ひじから先をナイフと一体化させるイメージで、切りたいところに刃を入れたら、手前から前へと動かして削っていく。

形成

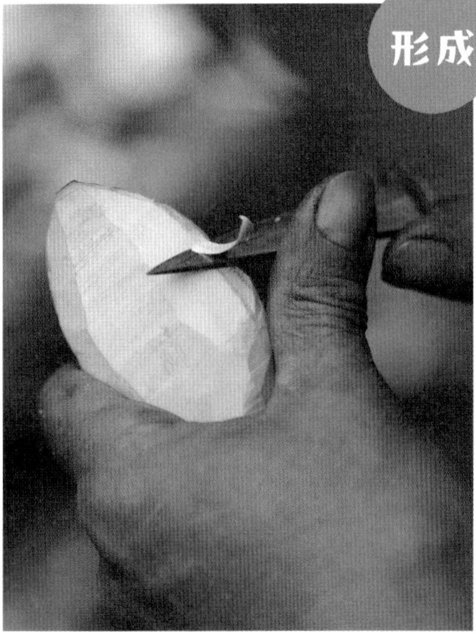

材をしっかり持つ。刃を当てたら、材を持っている側の親指で、刃の背側を押して材を削り出していく。

Point 木の繊維

木の繊維に引っかかり、刃の動きが止まるときは、刃の位置は固定し、材を持ちかえ、逆から削ってみる。細かく試しながら進めることが大事。

材を固定して

抜く

材を固定し、ナイフを持つ手を手前から奥へと動かす。

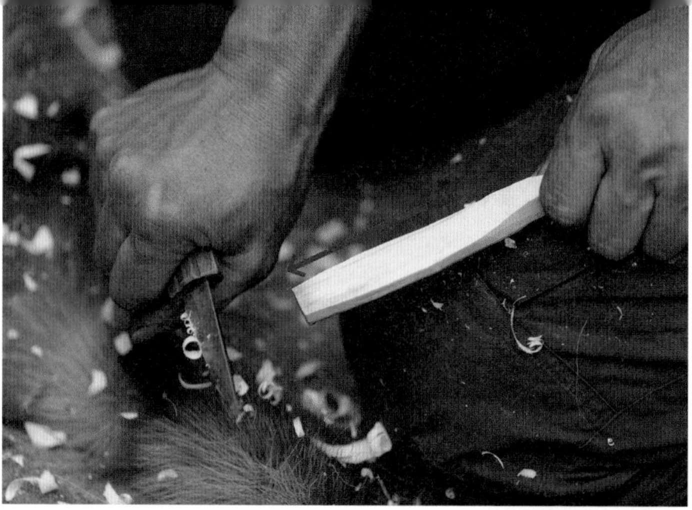

Point

固定する台

地面が平らな場所に材を置いたり、何かで支えたりして材が動かないようにして刃を入れる。安定するので、力を入れやすく、けがをしにくい。専用のチョッピングブロック（薪割り台／木工台）があると安心。

腿

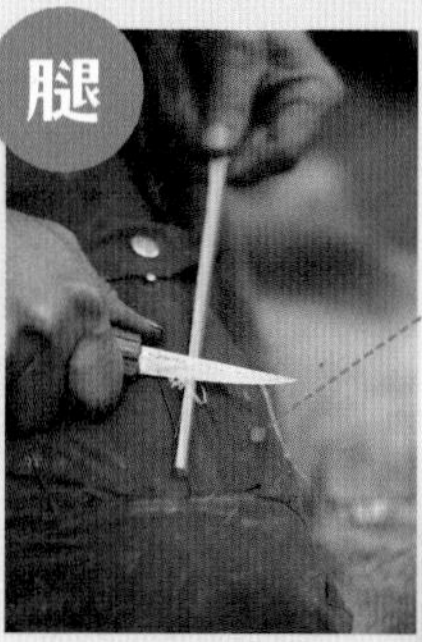

耐切創になる布を腿に被せる（写真は耐切創パンツ）。

台

3本脚で固定する木工用のチョッピングブロック。

台

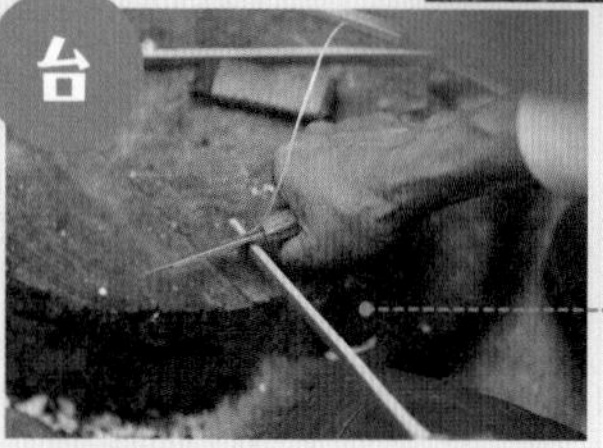

枝を切り落とした太い幹を輪切りにした薪割り用の台。

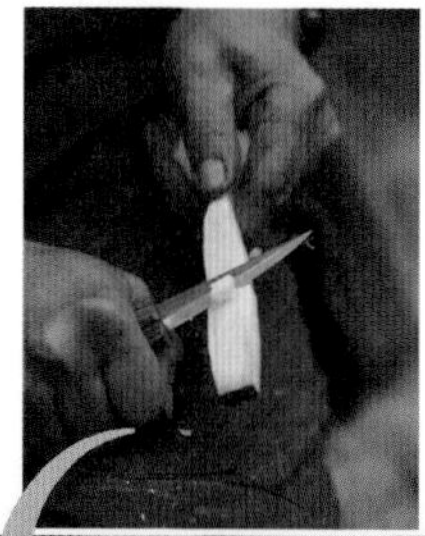

材を動かして

抜く

ナイフを持つ手は固定したままで、材を手前に引いて刃から抜くように削る。

斧使いの練習

トライポッド

大ぶりの枝3本でトライポッド（三脚）ができます。
斧で枝元をくさびに形どり、ロープで結べば完成。

用意するもの

- ・キャンプ斧（P95）
- ・太めの枝…… 3本
（焚き火の直径の3倍程度の長さかつ同じ太さ）
- ・ロープ（直径5～6㎜）…… 1.5～2m程度
- ・鎖とS字フック

＊キャンプ場など、エリア内の樹木の伐採・使用については要確認。

1 枝の長さをそろえる

斧を振り下ろしたときに足に当たらないよう、しっかり開く。

3本の枝の長さをそろえる。このとき地面につく部分を斧でくさび形に整えるイメージで（2）、斜めに切込みを入れる。

2 枝元をくさび形に形成

＼くさび形／

土に刺さりやすいように、斜めの切込みを計3か所入れて、くさび形に整えていく。

3 3本の枝の上部をロープで束ねる

中心の枝にロープを結びつけたら（❶）右側の枝の下にロープを通す。ゆるまないよう、ロープを巻くたびに引きしめる。8の字を描くように、枝の上・下と交互にロープを通す（❷）。反対も同様に（❸）。その後、枝と枝のあいだへ縦にロープを通し、2回ほど巻く（❹・❺）。ふたたび中心で縛る（❻）。

中心には太めの枝を置き、3本を並べる。
枝の太さ
❷
❺
❹
❶
❸
❻
ロープを枝の太さと同じになるまで巻く。

4 トライポッドを立てる

焚き火を囲むようにトライポッドを立てる。脚は正三角形になるように開くと安定する。

5 鎖をかける

トライポッドの上部に鎖をしっかりかける。S字フックをかけ、ケトルや鍋、肉などを吊るす。

トライポッドの脇から伸びる枝はある程度落としてから組むが、上部の枝や手元に近い枝は何本か残しておくと、焚き火道具やランタンなどをかけられて便利。座って作業するかまどの入り口に脚がこないようにする。

ナイフ使いの練習

フェザースティック

用意するもの

- ・フルタングナイフ（P95）
- ・針葉樹の薪
（繊維がまっすぐなもの）

薪の先端を羽根状に削る着火剤・フェザースティック。
ナイフの基本動作で簡単につくれます。

1 バトニングをする

フルタングナイフを使って薪割り（バトニング）。薪の小口にナイフの刃を当て、別の薪でナイフの背をたたき、割れ目をつくる。さらに2～3回背をたたき、最後はナイフをひねり割る。

刃が食い込んだら、ナイフをひねる。
小口
台を使い、薪を安定させる。

Point

薪の繊維

繊維にねじれや節ない薪を選び、木目に添うように刃を入れるのがコツ。スギやヒノキなどの針葉樹は、割れやすく燃えやすい。

2 角から削る

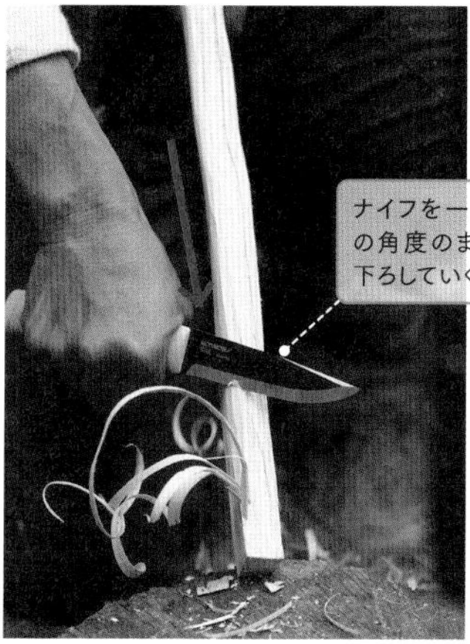
ナイフを一定の角度のまま下ろしていく。

肘から先を一体化させ、肩と肘の曲げ伸ばしで削っていく。最初は角からが削りやすい。削りながら一番スムーズな刃の角度を探そう。

3 ナイフを倒し止める

刃を入れたままナイフを外側に倒す。

ナイフを持つ手をまっすぐ下ろしたら、ナイフを軽く倒す。そこへフェザーをためていく。

用途いろいろ

ウッドチップ

フェザーづくりの途中で切れた木片、木工中に出た木くずは集めて着火のときに使う。スギやヒノキなど香りの強い針葉樹の樹脂には、防虫・除菌・消臭効果がある。布袋に集め、クローゼット、トイレに。

フェザースティックは、焚き火の着火に慣れてくると実際にはそれほど使う機会はない。ただ、1〜2本つくっておくと、雨の日でも確実に着火できるので安心。

ウッドカービング

手づくりなら不格好でも「かわいい」

伐採した生木は水につけておくほど生の状態を保って使える。製作途中で一時保管するときにはビニール袋に入れたり、ラップで包んだりして冷蔵庫へ。

　ナイフメーカーのアンバサダーをしている関係でスウェーデンをよく訪れます。あちらは木工の国。小学2年生くらいになると、全員にウッドカービング（木工）用の鋭いナイフが配られ、バターナイフをつくるそうです。

　自分のナイフで、土地の木を削り、生活用具をつくり、それを使って暮らす。僕の憧れている豊かな生活が残っています。

　ウッドカービングのなかでも、伐採されて間もない生木の木工を「グリーンウッドワーク」と呼びます。生木はやわらかいので、ナイフや斧だけ（電動不要）で形づくれます。力の弱い子どもや女性でも挑戦しやすく、キャンプシーンにもぴったりです。「チャコールカービング」という、熾《おき》火《び》を使う焚き火ならではの木工もあります（P110）。

　不格好な出来でも大丈夫。その作品には、そのときがんばった自分の面影があり、わが子のようにかわいく愛しいものです。そして作品を見て、もっと上手になりたいな、と思い、また削りたくなるのです。

A チャコールカービングの豆皿

生木を削り、炭火で木を焼いて器の内部（見込み）をつくる。チャコールカービングという手法でできた豆皿。

⇒つくり方はP110

B 竹の箸

アジアならではの素材・竹でつくった箸。竹は繊維がまっすぐで、抗菌殺菌効果があり、箸にぴったり。丈夫で長もちし、使い込むほど手になじみ、飴色に変化。初心者向き。

⇒つくり方はP114

C スパチュラ＆バターナイフ

木べら（スパチュラ）、バターナイフなど平らなものは、スプーンづくりの前半の手順で、カービングナイフだけで形成できる。初心者向き。

D スプーン

ウッドカービング用の斧とナイフで整え、フックナイフでスプーンの頭を形成。基本から応用の技術までが詰まっている。

⇒つくり方はP106

E ククサ風の器

ククサ（Kuksa）は、ラップランドのサーミ人が、希少なシラカンバのこぶを使ってつくる伝統的な木製マグカップ。コロンとした形を模した器。スプーンの技術を応用。

F レードル

木製レードル（おたま）はスプーンの要領でつくる。これは伐採したシラカンバの生木の形を生かしてつくったもの。柄に皮を残し、柄のエンドをV字型フックにしたのが特徴。

グリーンウッドワーク

スプーンづくり

用意するもの

- ・フルタングナイフ
- ・シルキー製のこぎり
- ・ウッドカービング用斧
- ・ウッドカービングナイフ
- ・フックナイフ
  ＊斧・ナイフはP95参照。
- ・生木（スプーンの長さの1.2倍程度の長さに切ったもの）
- ・トクサ（P109）

スプーンづくりには刃物の基本技術が詰まっています。
スプーンをマスターしたらほかにもチャレンジしてみましょう。

1 四角く整える

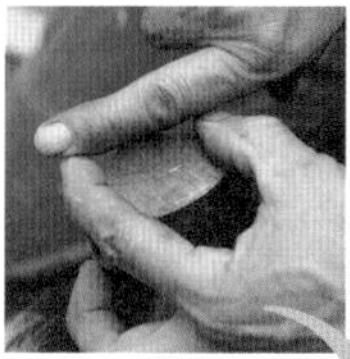

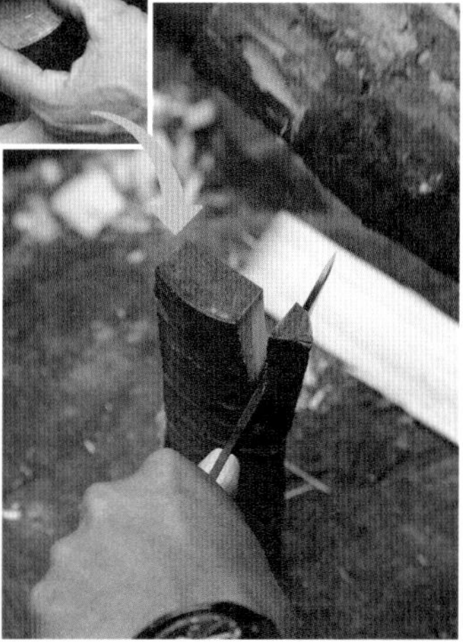

斧やフルタングナイフを使い、生木の丸太を芯で半割り。スプーンの厚みと大きさの四角い材を、バトニングの要領でつくる。

2 ガイドラインを描く

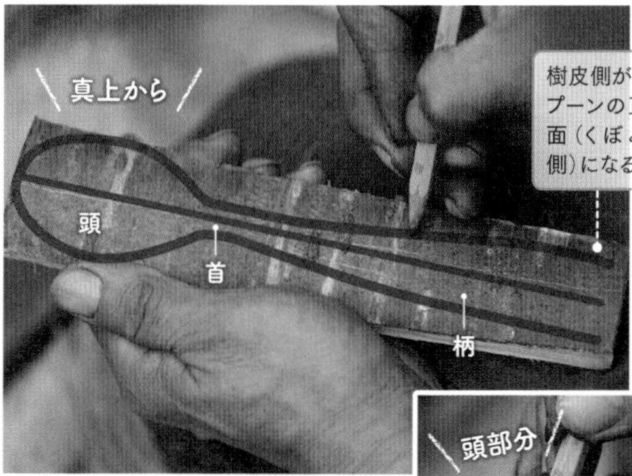
真上から
樹皮側がスプーンの正面（くぼみ側）になる。
頭
首
柄

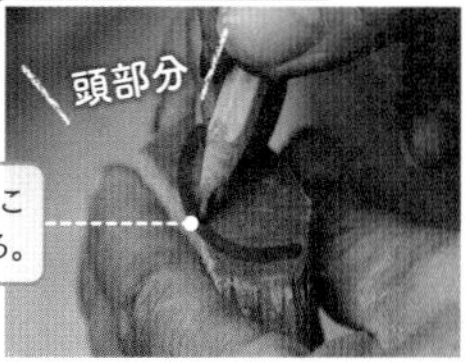
頭部分
中心部がへこみの底になる。

鉛筆で、スプーンのシルエットのガイドラインを大まかに描く。

3 切込みを入れる

ガイドラインに従い、スプーンの頭のいちばん細くなる首の部分に向かい、のこぎりで切込みを入れる。

4 斧でかきとる

ガイドラインに沿って、ウッドカービング用の斧で余分なところをかきとり、スプーンのシルエットを形成していく。

⇐P108へ続く

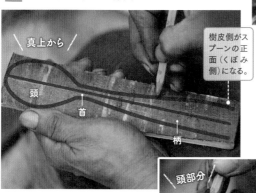

Point

上下・左右に刃と刃の両想い

一方向に強い力を加えると、木が割れてしまうことが。スプーンの首に入れた切り込みに向け、斧で、柄側から→頭側からと交互に削り、への字にかき込む。両側からゆっくり細やかに削り進め、刃と刃が出会い、ようやく“両想い”になるようなイメージで削っていく。

5 表面をつくる

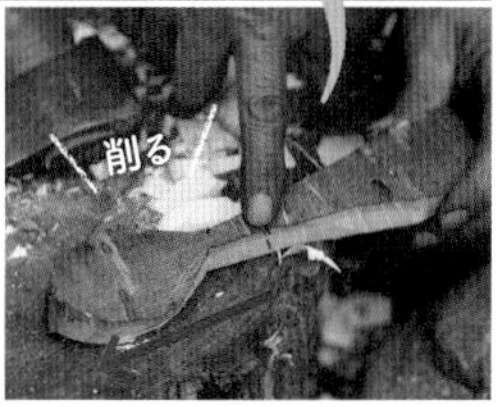
削る

スプーンを上から見たシルエットに。首から上の樹皮をとり、平らに（柄の樹皮は飾りとした）。

6 くぼみをつくる

センターラインを入れると、左右対称の楕円を描ける。

頭のエッジ1～2㎜入ったところに、鉛筆でガイドラインを引き、フックナイフ（P97）で削っていく。カレー用は浅め、スープ用は深めに。

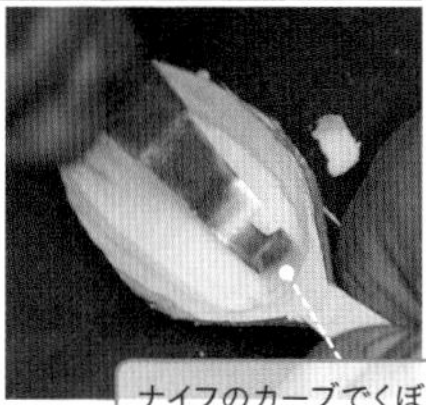
ナイフのカーブでくぼみの底を深く、ふちにいくほど浅く削る。

7 シルエットを形成

側面から

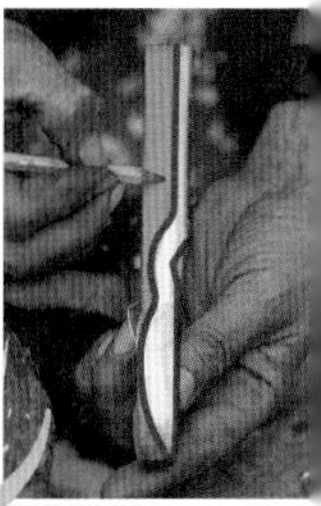

スプーンの側面にガイドラインを引く。まず斧で荒く削り、全体のシルエットを整える。

8 全体を細かく整える

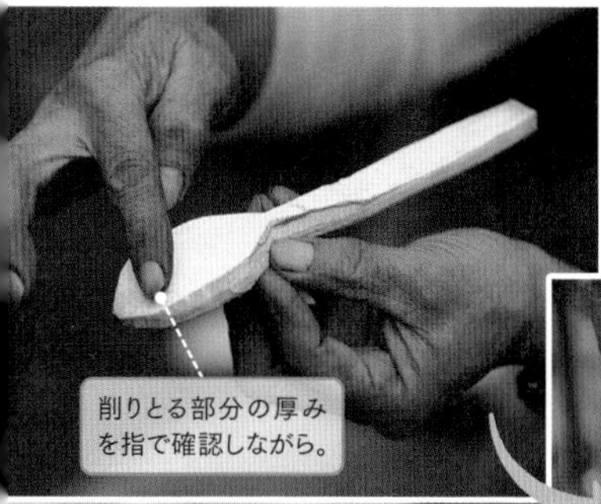
削りとる部分の厚みを指で確認しながら。

ナイフで
くぼみと首の裏側は慎重に。木の繊維を見つつ、柄の側から→頭の側から交互に削る。

斧で

厚いところを、さらに斧でかきとる。細くなる首は厚く仕上げる。

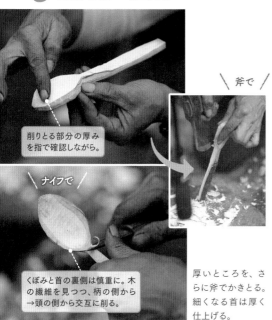

仕上げに食用オイル（P113）を塗ってもいい。使っているうちに、気になるところが出てきたら、その都度ナイフで削り調整。

9 エッジを面取りする

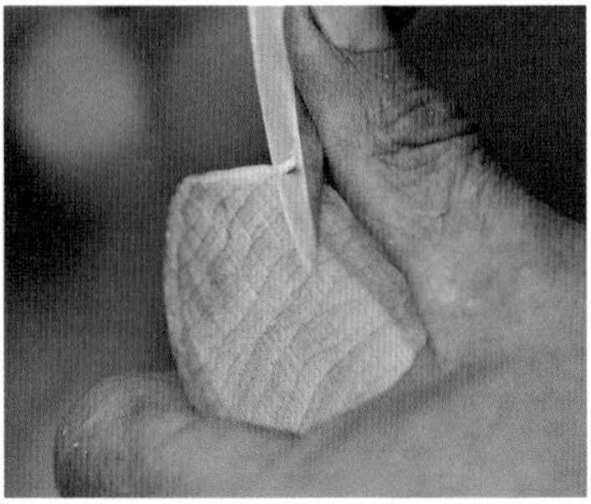

エッジを残してしまうと、口触り、手触りが悪く、欠けやすい。すべての角を削り、面取りしていく。

10 滑らかに整える

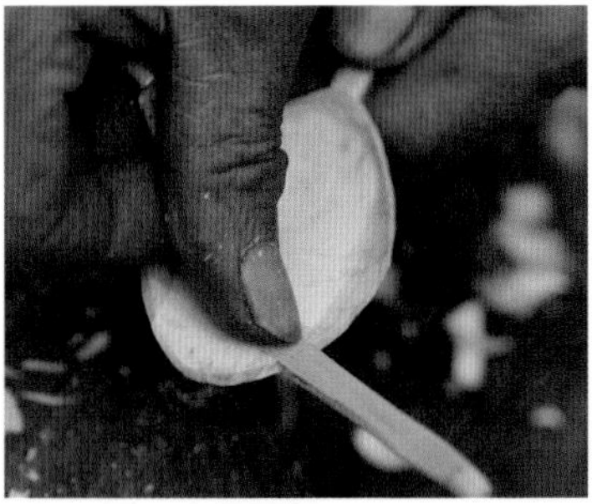

ナイフだけで滑らかに整えたいが、もっと滑らかにしたいならやすりがけをする（写真はトクサでのやすりがけ）。

Point

トクサ

サンドペーパーを使うと砂が木地に入り込み、その後刃を入れられなくなるので、トクサという植物を使う。サンドペーパーなら目の細かい240～400番を。

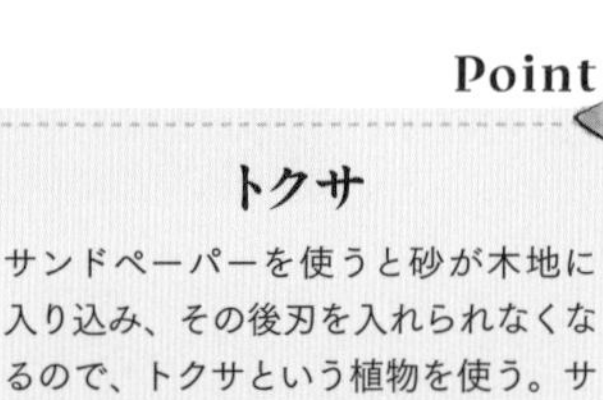

用意するもの

- ・フルタングナイフ（P95）
- ・ウッドカービング用斧（P95）
- ・熾《おき》火《び》
- ・火吹き棒
- ・たわし、石
- ・オイル（えごまやくるみ）
- ・生木（皿のくぼみ〔見込み〕内径の1.5～2倍の長さに切ったもの）
- ・トクサ（P109）

グリーンウッドワーク

チャコールカービングの 豆皿づくり

せっかくの焚き火タイム。熾火でつくる豆皿は、
まさに“ミニ焚き火”の世界です。

1 生木を割る

フルタングナイフを丸太の芯に当て、木の棒などで叩いて半分に割る。割れないときは斧を使う。

2 底面をつくる

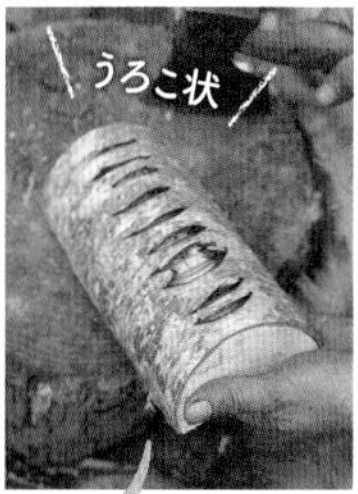

まず皿の底面をつくる。うろこ状に斧を入れた後、木を立て削りとり、底を平らにする。

3 熾火を置く

木材の中心（皿の見込みになる部分）に熾火をひとかたまり置く。

Column

燃え方で木の来歴を知る

　チャコールカービングは、大昔丸木舟をつくったのと同じ原始的な手法です。
　クリ、ヒノキ、ナラ、シラカンバなどがかたすぎず、やわらかすぎず、おすすめ。10～1月に伐採したものは水分が少なく、皮がはがれにくいため、樹皮を生かしたデザインも。
　樹木の燃え方を観察していると、1本の木の上下左右で異なります。なかなか燃えないのが北斜面側。寒さで木目が詰まっているためです。よく燃えるのが南斜面側。まさに暮らしの知恵ですね。
　生木はネットでも販売されていますが、現場で入手した木を使うのがやっぱり楽しいなと思うのです。

4

火をおこす

火吹き棒を使い、熾火にピンポイントで空気を送り、燃やしていく。

Point

木材のサイズ

燃え広がってしまう可能性があるので、チャコールカービングで使う木材は、つくりたいもののサイズよりも1.5～2倍の長さにカットしておく。

⇐P112へ続く

5 熾火を足す

熾火を盛って高さをつけると、煙突効果でよく燃える。

燃え進み、木が炭化していったら、熾火を足す。くり返すうちに火吹き棒を使わなくても自然と燃えていく。

6 燃えている範囲を確認

ときどき火吹き棒で空気を入れ、燃えている範囲（赤く光っている部分）を確認する。好みの深さになるまで、1～2時間かけて見込みをつくる。

7 炭化部分をかき出す

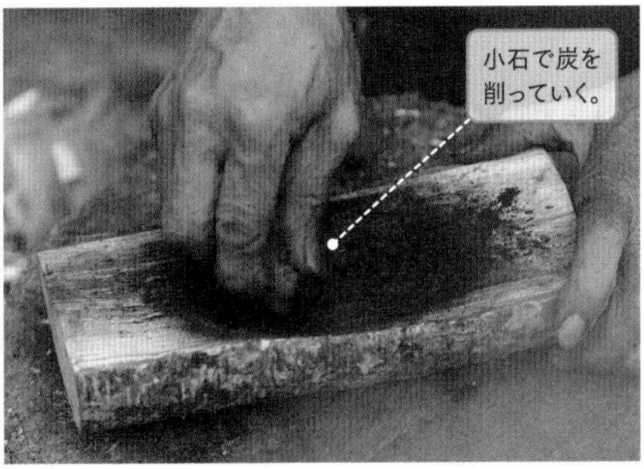
小石で炭を削っていく。

熾火をすべてとり除き、小石の角で炭化した部分をかき出し、最後は小石の丸いところで滑らかに整える。

8 たわしでこする

さらにたわしをかけ、炭っぽさをとり除く。最終的に木地と炭の中間の色になるまでこする。

9 アウトラインを入れる

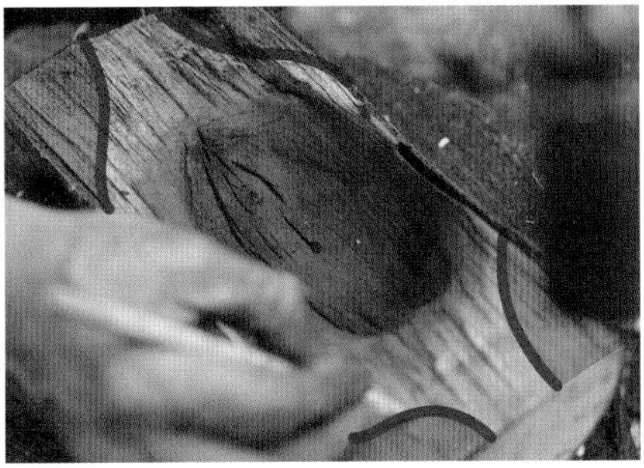

削る部分をはっきりさせるため、皿の左右に当たる部分に、鉛筆でアウトラインを描く。

10 シルエットをつくる

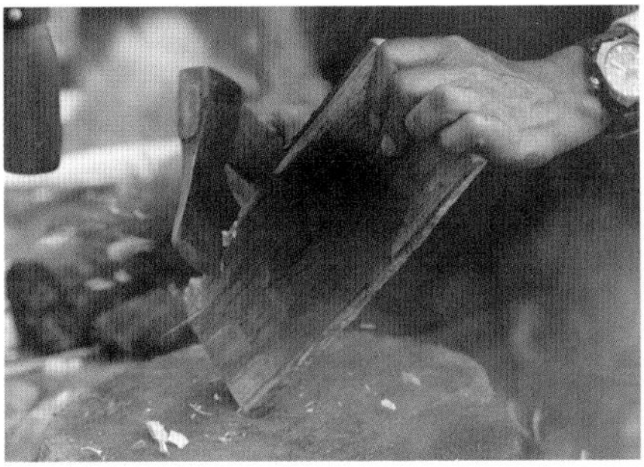

斧で皿の左右、サイドの余分なところを削りとり、全体のシルエットをつくる。

11 皿の形に整える

鉛筆の線が消えたら、木の様子を見て線を加え、上下左右を見つつ斧で形を整えていく。

12 面取りする

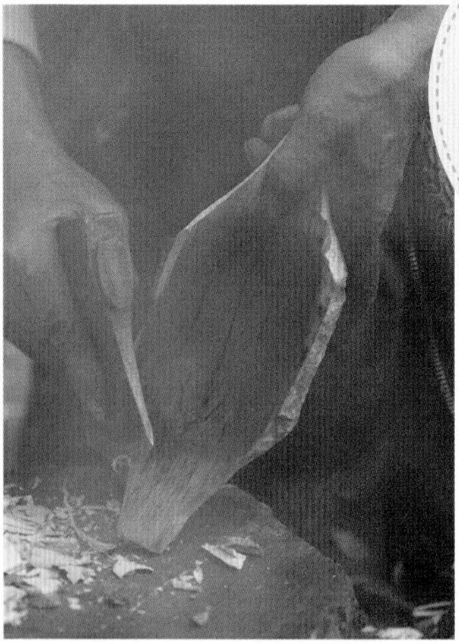

くぼみのエッジが欠けないよう、すべての角を面取りする。必要があればトクサなどでやすりがけ（P109）。

Point

丁寧&大胆に

細かく削っていると、なかなか終わらない。丁寧に、でも大胆に削っていくのがコツ。

13 オイルを塗る

オイルをすり込み、木目になじませ、目を詰まらせる。

えごまやくるみのオイルをたっぷりたらし、布で全体になじませる。

14 乾いたら完成

オイルがしっかりと浸透し、乾いたら完成。使い込むほどに丈夫になり、味が出てくる。

グリーンウッドワーク

竹箸づくり

竹は各地で入手しやすい素材で、箸にぴったり。
竹の自生が少ない北国では正月の門松の竹を使うことも。

用意するもの

- ・ナイフ（背にエッジのあるもの）
- ・ウッドカービングナイフ（P95）
- ・竹（箸を持つ手の親指と人差し指を90度の角度に広げ、その対角線の1.5倍程度の長さ）

1 竹を一膳ぶんに割る

小口

箸頭から1.5cmに節のある竹筒をナイフで二等分、さらに二等分に割る。最終的に一膳ぶんの幅を測り、箸頭の小口に印を入れ半分に割る。

2 内側を削ぐ

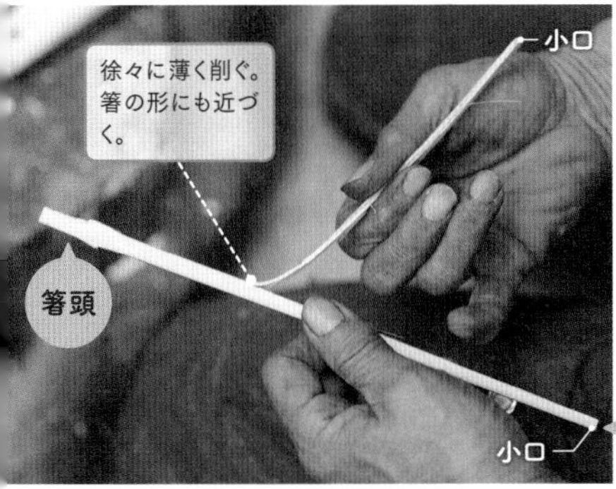
徐々に薄く削ぐ。箸の形にも近づく。
小口
箸頭
箸先
小口

竹の内側は繊維がなくかたく削りにくいため、先に削ぎとる。箸先の小口の中心よりやや内側へ、ナイフを当て、背を叩き、はがすようにとる。

3 2本を同じ太さに

まず中心から箸先、持ち替えて中心から箸頭へと削る。

割った直後は、2本の太さが違うことも。ナイフで箸頭から箸先まで太さをそろえていく。

Column

木工は箸に始まり箸に終わる

箸は日本人の暮らしの基本。ある木工家の言葉に「木工は箸に始まり、箸に終わる」とあり、僕のものづくり人生の心の支えにもなっています。それほど箸づくりは奥深く、シンプルだからこそ、難しいのです。

箸づくりで、もっともよく使う素材が竹です。竹は、アジアならではの素材です。使うほどに強度と粘りが増し、美しい飴色に変化していきます。竹の魅力を海外の人にも知ってもらいたくて、海外でイベントがあると大切な友人たちに竹の箸をプレゼントします。

日本で入手しやすい素材です。ぜひ焚き火の時間に竹を削り、自分の竹箸で食事をしてみてください。

Point

竹と刃の角度

固定した刃に当てる竹の角度を大きくしたり小さくしたりすることで、厚く切れたり薄く切れたりする。

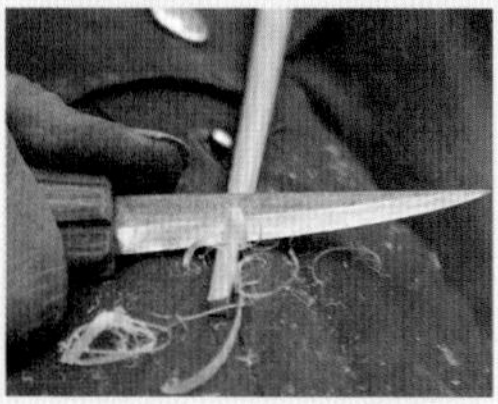

4 全体を整える

削り加減をチェック
この段階では箸先はやや太めに。

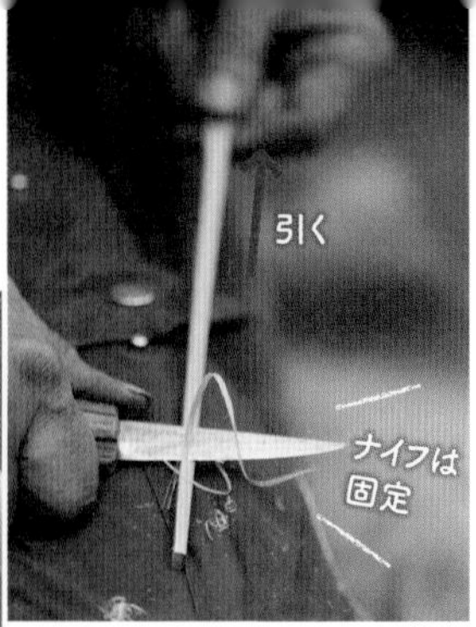
引く
ナイフは固定

利き手でナイフを握り、膝上に固定。もう片方の手で箸頭を持ち刃に当て、かんながけのイメージで箸を引き、箸先に向け細く削る（昔ながらの手法）。皮は後に飴色に変化する。好みで残す。

5 先端をカーブさせる

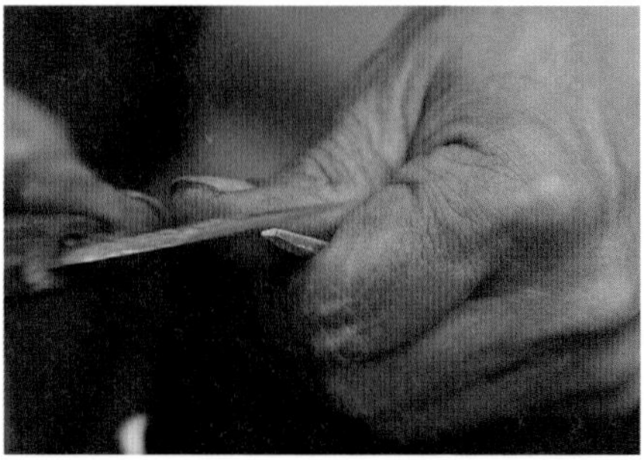

箸先の3㎝くらい手前までは太いまま。そこから先端に向けてゆるやかにカーブさせ細くしていくと折れにくくなる。先端は鉛筆を削るイメージで。

6 箸頭を整える

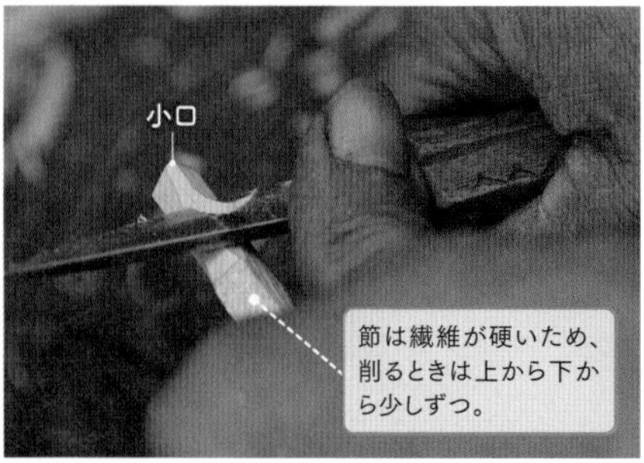
小口
節は繊維が硬いため、削るときは上から下から少しずつ。

箸頭の裏は節から小口へ斜めに削ぎ落とす。置いても、その部分が浮くことで、箸をとりやすくなり、水切れもよくなる。デザイン的にも美しい。

7 ナイフの背で滑らかに

着火用ナイフの背のエッジ（P38）で箸をこする。ささくれがとれ、手削りのでこぼこが滑らかになる。

8 2本削ったら完成

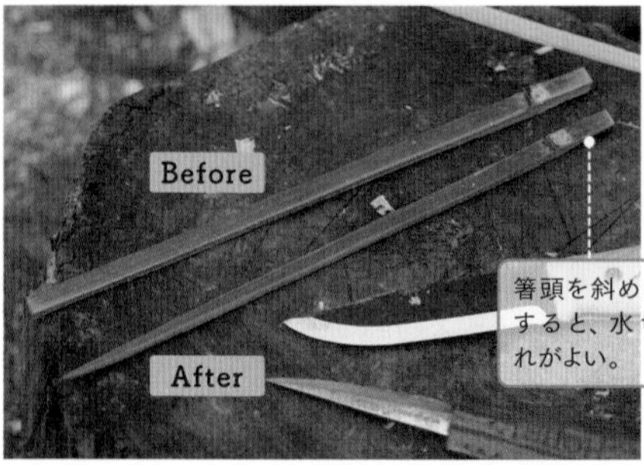
Before
After
箸頭を斜めにすると、水切れがよい。

残りのもう1本も同様に。先に削った箸と並べ、くらべながら削っていく。

焚き火が家族との絆を深める

一年中、全国各地をキャンプしながら、アウトドアの講習をしているので、長期間家を空けることもしばしば。

家に帰ると、妻とふたりの娘の笑顔。僕にとって家族とのこの暮らしがいちばん大切なのだと改めて感じます。

仕事で自然のすばらしさを伝えていますが、家族は僕にとってもっとも近くにある自然です。何もない日には、家族４人で裏山の焚き火場に行き、夕食をとることも。焚き火に当たりながら、家族と過ごす時間はかけがえのないものです。“自然”に受け入れられている自分を、ひしひしと感じます。

焚き火というのは不思議なもので、言葉がなくても相手との距離を縮めてくれます。

僕の次女には障害があり、週末は家に閉じこもりがち。思春期の娘と父とのコミュニケーションは、誰でも難しいものですが、僕も例外ではありません。

僕は次女を、ときどき自然のなかに連れ出します。ふたりで川に遊びに行き、キャンプをし、焚き火でごはんを食べます。次女は、アウトドアマンである父を認識していて、いっしょにテントを立てるのが好きなようです。

たくさん遊んだ夜、ふたりで焚き火をします。何も話さなくても、心で通じ合うような、温かい気持ちになります。ひとりの焚き火、友との焚き火もいいものですが、家族との焚き火は、いちばん大切な絆をより深めてくれます。

長女の帰宅を待って、裏山で焚き火ディナー。満腹になり、みんなウトウト。心身ともにリラックス。

次女との焚き火。父とのアウトドアに慣れてきたのか、火が消えそうになると、自分で薪をくべ、火床を整えるように。

Part 4

夕餉の時間

～焚き火でしかできない料理をつくる

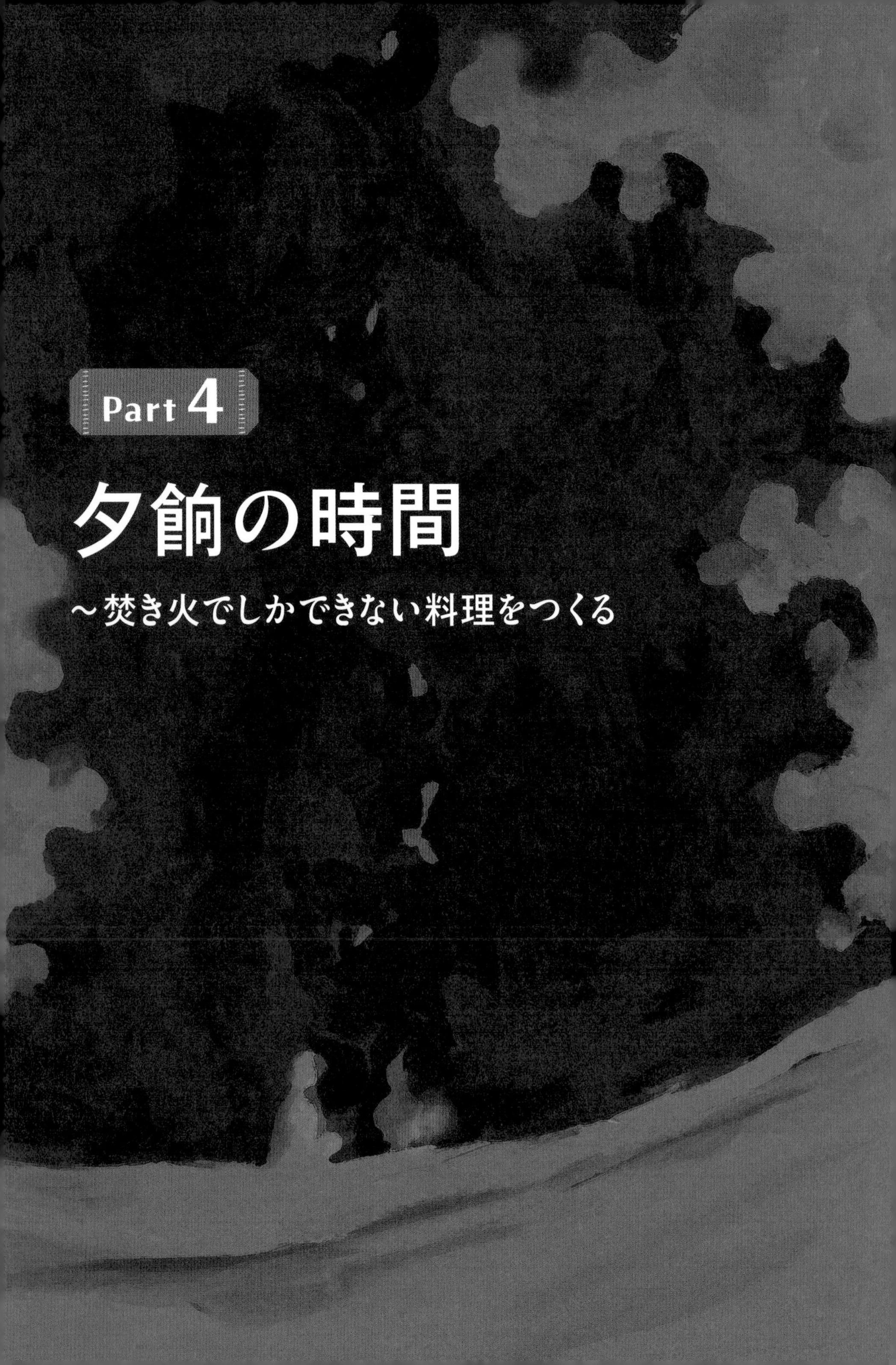

裸火の料理

火を眺めていたい日につくる

いぶすことで保存性も高まる。肉をワイルドに焼いてみよう。

そもそもキャンプ料理は、ひとつのメニューを一食ぶんつくるのではなく、多めに調理し、翌日以降もそれをアレンジしながら食べ、最終日にはすべて食べ切るのが理想です。焚き火での調理は合理的。焚き火ベーコンで紹介したように（P80）、食材のもちがよくなるためです。

煙には、殺菌・抗菌化作用があります。食材をいぶすことで加熱殺菌と脱水が進み、表面には樹脂膜が張られ、保存性が高まります。週末だけのソロキャンプだと、肉の塊を焼いても食べきれないと心配する人がいるかもしれません。そんなときは、お土産にもできます。

最初にご紹介するのは、裸火の料理。直接炎にかざす裸火は、焦げとの闘い。つねに火の様子を見て食材の変化に合わせて火床を整えなければなりません。焚き火の腕が試されます。

でも、「今日は、ずっと火を眺めていたい」という日には最適の調理法です。

ぜひ、焚き火でしかできない料理を堪能してください。

〔炙りのコツ〕

コツ1

火から目を離さない

火は風向きにより一瞬一瞬で変化する。肉や魚をまんべんなく炙るためには、火から目を離さず、その都度コントロール。

コツ2

火床をつねにチェック

肉や魚の脂が落ちると、火力が1か所だけ強くなる。火床をつねにチェックし、熾火を広くとる。

裸火の料理

鴨の串焼き

材料

- 鴨（または合鴨）ロース…… 適量
- はちみつ…… 適量
- 粗挽きこしょう…… 適量
- 塩…… 適量

約30分間

鴨の旨味が詰まったロース。脂が多いので、
スピットロースティング（串焼き）で落としていきます。

1 脂身に切れ目を入れる

脂身へ格子状に切れ目を入れ、脂を落としやすくする。

2 鴨肉に串を刺す

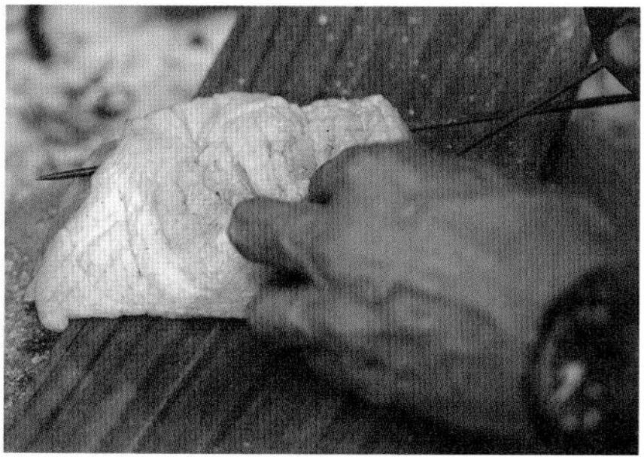

鉄製の串を上下に波打たせながら鴨肉に刺す。

3 塩こしょう、はちみつをたっぷり

塩、こしょう

まず両面に塩を振り、その後こしょうをかける。

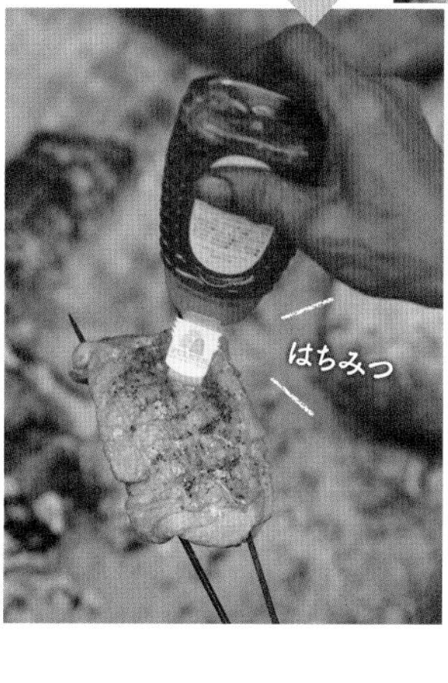
はちみつ

次にはちみつをたれるくらい両面にかける。

4 表面が焼けたら遠火に

徐々に
身が縮み、
棒状になる！

Point

防熱壁

手に直接熱を受けないよう、薪を遮熱壁として利用する。

まず赤身から炙り、旨味を閉じ込める。次に脂身側を焦げ目がつくまで炙り、脂を落とす。表面が焼けたら距離を空け、遠火に。

はちみつ&マスタード

ソースはお好みで。はちみつとディジョンマスタードがおすすめ。

ミディアムレアで焼き、内側がロゼ色ならOK。しっかり焼きたい場合は、肉温度計で中心温度を測る。75℃で1分間加熱。もしくはカットしてから網で焼く。

直火ラム
シャンデリアロースト

トライポッドに吊るしたラム肉はまるでクラウン（王冠）。
火の世話をするのが楽しくなる料理です。

1 脂身に切れ目を入れる

ラムの脂は旨味があるがしつこい。脂身に細かく切れ目を入れ、脂切れをよくする。

2 銅ワイヤーでクラウン状にする

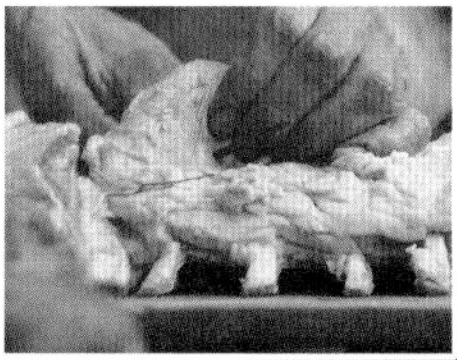
串で
穴を開ける

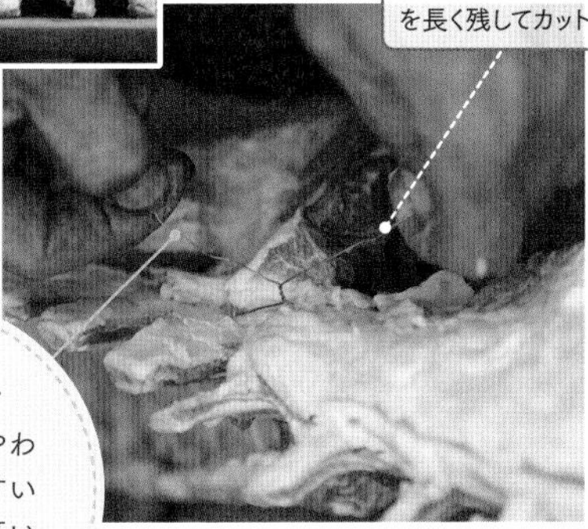
外しやすいように、
ねじって縛り、端
を長く残してカット。
銅ワイヤーで
つなぐ

ラム肉の四隅に串で穴を開け、銅ワイヤーを通して2枚を結び、クラウン状（P123上）にする。

Point

銅ワイヤー

銅ワイヤーはやわらかく扱いやすいだけでなく、高い殺菌効果がある。

3 塩・こしょう・タイムをたっぷり

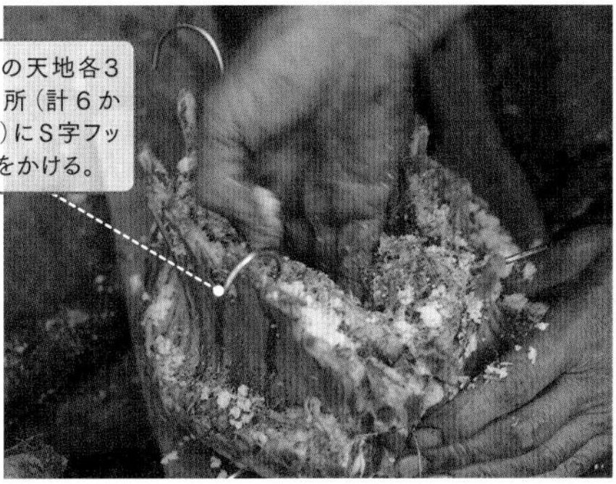
肉の天地各3
か所（計6か
所）にS字フッ
クをかける。

クラウンの中心が埋まるくらい塩と粗挽きこしょう、臭み消しにタイムをたっぷり入れ、内側外側に擦り込む。

4 枝を刺してクラウン状を維持

モミジ、ブナ類など
無毒の木枝を使う
（P28）。

ラム肉が焼けて収縮してもクラウン状が保たれるように、小枝を刺す。

⇐P124へ続く

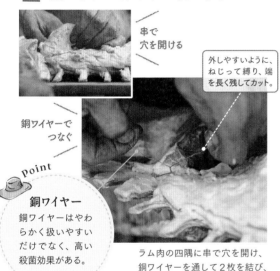

材料

- ラムラック……2枚
- 塩……たっぷり
- 粗挽きこしょう……たっぷり
- タイム……たっぷり

約3時間

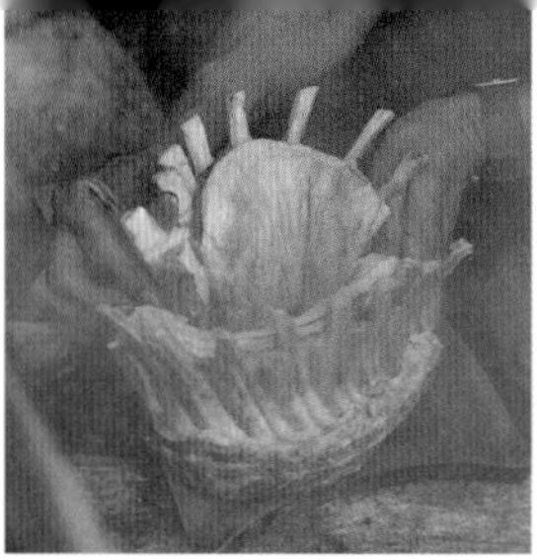

ラム背肉1枚当たり骨7本程度のものを。2枚合わせ、クラウン状になればOK。

肉がまんべんなく焼けるように火床を広くとる。脂が落ち、どんどん燃えるので火はこまめに調整する。

Point

火加減

最初はラム肉と火のあいだに距離をとり、中心に薪を集めて焼く。徐々に薪を放射状に移しながら、肉を火床に近づけ、肉の側面を焼く。

5 肉を徐々に火床に近づける

中心から外側にドーナツ状に火を移し、
徐々に肉を下ろし、外側をしっかり焼く。

6 鉄串で肉の中心部の温度を確認

ときどき肉の中心部の温度を測る。鉄串を肉に刺し、10秒待ってから抜き、下唇に当てる。人肌程度に温まっていればOK。

7 肉の天地を返し徐々に火床へ

焼け具合と肉の中心部の温度を確認しながら、1〜2時間経った頃に肉の天地を返す。

8 表面が焼けたら遠火に

3時間程度経つと両側がしっかり焼けてくる。最終的に内側と中心の温度が人肌になったら完成。

骨に沿ってカットし、ラムチョップに。カキドオシなどのハーブを添えて。タイムの風味＆塩こしょうがきいているのでソースなしでもおいしい。

脂強めの肉には
カキドオシ

脂たっぷりのラム肉にはカキドオシを（P31）。清涼感のあるハーブで口のなかがさっぱり。

材料

- 皮つきサーモンフィレ…… 半身
- バター…… 200g
- 野地板
（ホームセンター等で販売されている屋根の下地材。12×180×2000mm のスギの板を使用）

3～4 時間

ロイムロヒ

板に打ちつけたサーモンを豪快に火にかけます。
翌朝はおにぎりや、チャーハンの具材にも。

1 野地板をカット

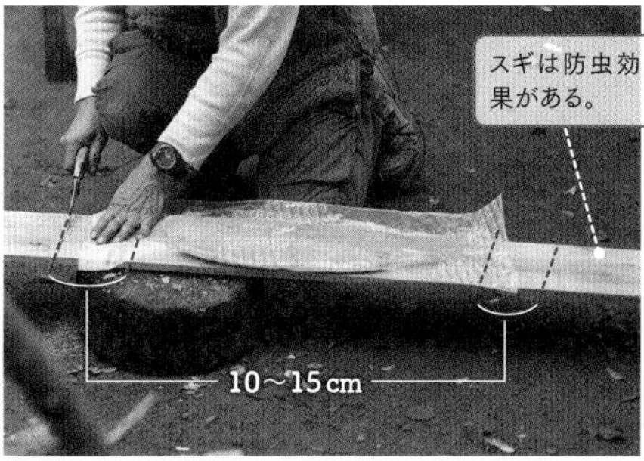
スギは防虫効果がある。
10～15cm

野地板をサーモンのサイズより20～30cm長めにのこぎりでカットする。

2 端材で木釘をつくる

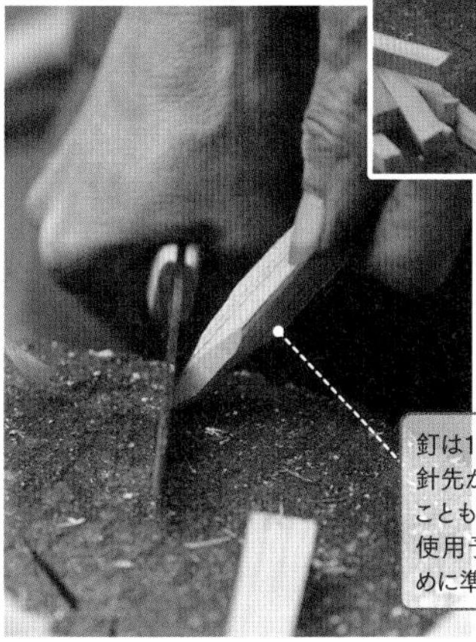
板の厚み（約12㎜）角、長さ7～10㎝程度。
釘は10本くらい。針先がつぶれることもあるので使用予定より多めに準備。

野地板の端材を、ナイフで角棒状に割る。
さらに先端を削り、釘状にする。

3 木釘でサーモンをとめる

Point
濡らす
水分を含むと、釘が入りやすく、また燃えにくくなる。

板に水をかけ横にし、30分ほど放置。サーモンの皮目を下にしてのせ、ずれないようにしっかりと木釘でとめる。

4 風上に立てかける

二叉の部分を下に。先端を斜めに切り、板を受け支える。

板が焼けない程度（焚き火側へ手をかざし、3秒耐えられる程度）の距離で枝を支柱に板を立てかける。

⇐P128へ続く

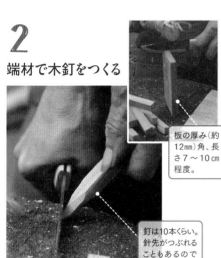

サーモンから目を離すと、下方だけ焦げたり、板ごと燃えてしまったりする。風向きを見ながら、炎と煙の状態をチェック。火床をこまめにいじり続けることが大事。

5 炎を高くする

炎はサーモン上部に届くくらいまで高く。

太く長い薪をティピー型に組み、炎を高くし、サーモンの表面を一気に炙って乾かす。

6 バターを全体に塗る

Point

追いバター

表面の状態を見ながら追加で３～４回バターを塗っていく。

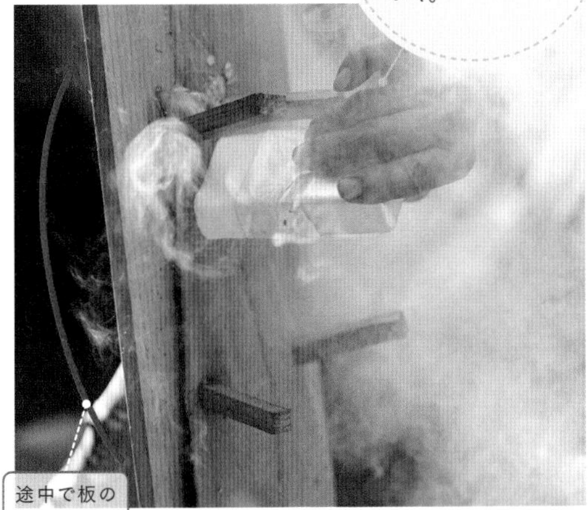

途中で板の上下をひっくり返す。

サーモンの表面が乾いてきたら、バターをまんべんなく塗り炙る。バターが乾いたら板を返し、下方を上に。

7 炎に近づける

軽く焦げ目がつくまで。

サーモンの身がしまり、皮が板につきはがれにくくなったら、徐々に炎を小さくし、板を炎の側に傾ける。追いバターをし、さらにじっくり炙る。

8 切り分けて盛りつける

板の上でサーモンを切り分け、ザジキソース（P129）をかける。

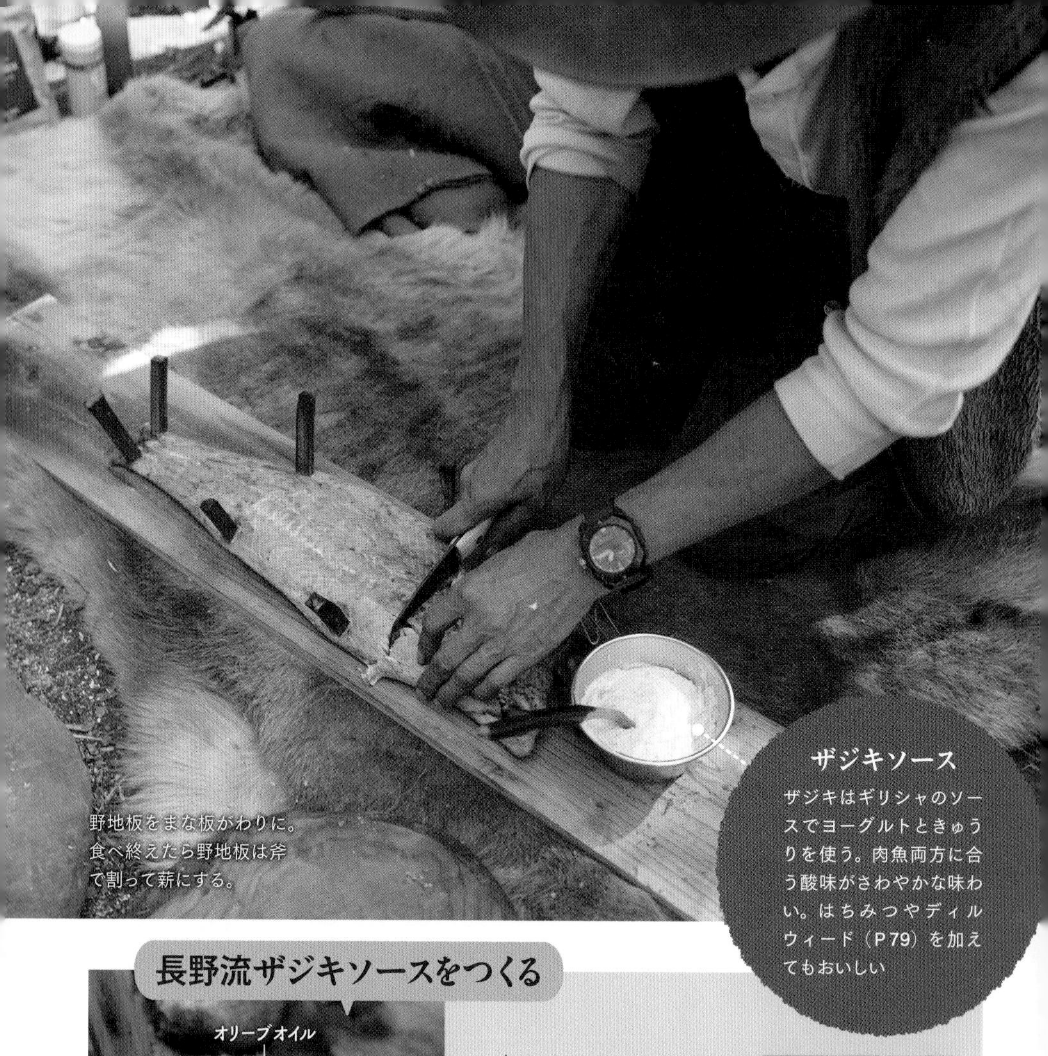

野地板をまな板がわりに。
食べ終えたら野地板は斧で割って薪にする。

ザジキソース

ザジキはギリシャのソースでヨーグルトときゅうりを使う。肉魚両方に合う酸味がさわやかな味わい。はちみつやディルウィード（P79）を加えてもおいしい

長野流ザジキソースをつくる

1 キッチンペーパーなどでヨーグルトを水切りしておく（❶）。

2 はちみつはレモン汁とよく混ぜ合わせておくと、なじみやすくなる。

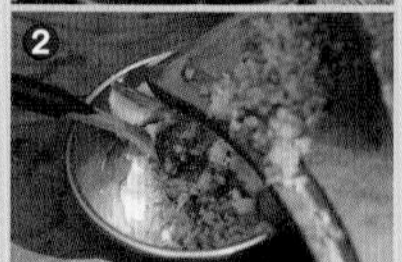

3 2に水切りヨーグルトと、マヨネーズ（ヨーグルトの半分量）、オリーブオイルを大さじ1杯入れる。

4 塩と粗挽きこしょう、みじん切りにしたきゅうりを入れてよく混ぜ合わせる（❷❸）。

ダッチオーブン

燠火で鍋を包み、本来の味を引き出す

［鉄製］

鋳型に鉄を流し込み形成されたダッチオーブン。脚つきのものは、燠火に直置きできる。

「ロッジキャンプオーヴン12インチDeep」

［ステンレス製］

ステンレス製ダッチオーブン。鉄製より若干熱伝導率が早い。脚がない場合、ゴトクを使用。

「SOTO　ステンレスダッチオーブン10インチ」

ダッチオーブンは、焚き火との相性が抜群です。分厚い金属製の蓋つき鍋で、燠《おき》火《び》を蓋にのせ、上からも加熱すると、密閉状態で水蒸気が高温になり、スチームローストにも。簡単に調理できます。火を絶やさないように注意すれば、後は放っておくだけ。煮る、炒める、炊く、いぶすなどの調理のバリエーションも豊富で、ひとつあると便利です。

鉄製やステンレス製があります。鉄製のものは、あくが出る料理のときに変色しやすく、そのような煮込み料理などにはステンレス製が適しています。

汚れは湯とたわしで落とします。たわしがないときは、木片や枯れ葉、砂を使います。あるものでやればいいです。焚き火にかけて水気をしっかりとばし、最後はオリーブオイルで保護膜をつくります（サラダ油は酸化しやすいのでＮＧ）。

洗う手間を考え、最後に汁物や揚げ物をつくるのがおすすめ。メンテナンスを考慮しメニューを考えるのもキャンプならではの楽しみです。

〔ローストのコツ〕

コツ1
底だけでなく蓋にも熾火を

鍋底からの過熱だけでなく、蓋にも熾火を置き、鍋全体を加熱する。

コツ2
肉本体を野菜や野草でガード

肉が鍋の内側に直接触れて焦げないよう、野菜や野草でガードする。

ダッチオーブン

丸鶏のロースト

材料

- 丸鶏肉…… 1羽（写真は約1250g）
- 塩…… 肉の10%
- 三温糖…… 肉の5%
- 水…… 袋内が浸る量
- 粗挽きこしょう…… 適量
- オリーブオイル…… 適量
- 野菜類
（にんじん、玉ねぎ、じゃがいもなど）

約2時間

＊下ごしらえを除く

鶏一羽と野菜を鍋に入れて焚き火にかけるだけ。
肉の旨味と野菜の甘味が贅沢な一品。

1 下ごしらえ 丸鶏肉に塩と三温糖を加える

丸鶏肉をビニール袋に入れる。丸鶏肉の重さに対して塩10%、塩の半分量（5%）の三温糖を加える。

2 下ごしらえ 水を入れてよくもみ、寝かせる

Point

空気を抜く

ビニール袋の空気を抜いた状態で口を閉じる。

おなかの内側にも味を染み渡らせる。

ビニール袋に水を加え、袋ごともみよく肉になじませる。冷やしたクーラーボックスまたは冷蔵庫でひと晩寝かせる。

3 ダッチオーブンに肉を置く

野菜は皮ごと。じゃがいもは芽をとり除く。

ダッチオーブンにオリーブオイルをよくなじませ、丸鶏肉を胸を上にして置く。

4 野菜を詰める

底から2cmくらい下味の水を加える。
ローズマリーなどのハーブを加えてもいい。

肉のまわりに野菜を詰める。粗挽きこしょうをかけ、ビニール袋に残った水を足す。

5

上から下から 熾火で加熱

蓋をしっかり閉じて、熾《おき》火《び》にかける。蓋にもたっぷりと熾火を置く。1時間～1時間半、水蒸気が出てきたら、火を弱めつつ待つ。

⇐P134へ続く

6 余熱で蒸らしたら蓋にあげる

適度な焦げ目、底に肉汁と注いだ水がうっすら残っているくらいで完成。その余熱で20～30分蒸らし、食べる直前に蓋に肉と野菜をのせる。

7 蓋の上でとり分ける

蓋の余熱で保温しつつ、肉と野菜をとり分ける。残り汁は、湯で割ってスープに。

8 食べるぶんを自分の器に盛りつける

下味と肉の旨味・野菜の甘味で調味料いらず。好みで長野流ザジキソース（P129）やサワークリームを添えてもおいしい。すぐ食べるぶんを盛りつけて食べる。

Point

蓋で保温

熾火のおかげで蓋の保温性抜群。すぐに食べないぶんは切り分けず、塊肉のまま蓋に置いておく。

中型（約1250g）の丸鶏にはLODGE（ロッジ）の12インチ（ディープ）の鉄製ダッチオーブンを使用（写真）。熱伝導がゆっくりで、肉の旨味をじっくり閉じ込め、ふっくら仕上げてくれる。

ダッチオーブン

野草ロースト

材料

- ・豚肩ロース……約1000g
- ・塩……適量
- ・粗挽きこしょう……適量
- ・野草……たっぷり

約 2 時間

たっぷりの野草で豚ロースの塊を包み、
蒸し焼きにすることで野性味あふれる肉料理が完成。

1 鍋底に柄を敷き詰める

鍋底にかたい葉柄《ようへい》（葉がつく柄の部分）を敷き詰め、さらに葉を敷き、鍋底に肉が焦げつかないようにする。

2 全体に塩こしょうをする

肉全体に塩と粗挽きこしょうをたっぷりかけ、葉でまんべんなくこすりつける。

Point

塊肉の味つけ

塊肉には塩をたっぷり。表面は塩辛いが、なかに染みていい塩梅になる。

3 肉を鍋に入れ、葉を詰める

脂身を下にして、葉の上に置く。残った塩と粗挽きこしょうもこすりつけ、まわりに葉を詰める。

4 肉を水平にし、四方を保護

肉を鍋底に対して水平にしてから、鍋の壁面に肉が触れないよう、葉をすきまなく詰めていく。

肉を葉で保護していく。ガラス製品を傷つけないように梱包する要領で。

5

葉を重ねていく

肉の上にもどんどん葉をのせていく。葉の層が肉を焦げから守る。また野草の風味が肉に移る。

⇐P138へ続く

多すぎるかなと思うくらいに採取しておく

今回はヤマウドの葉を使った。ほかにもフキ、クズ、ホオの葉も（P30）。鉄製の蓋で密閉し加熱すると、葉のかさはすぐに減る。多すぎるかなと思うくらいに採取しておくと安心。

6 のせられるだけ野草を盛る

肉の上にあふれそうなほど葉をのせたら、体重をかけて蓋を閉じる（最初は野草で浮き上がるくらいでOK）。

7 上下の熱で蒸し焼きにする

底が平らな場合は、ゴトク（P49）を敷いて熾火をつぶさないようにする。

Point

持ち手

ダッチオーブンの、持ち手は、つねに炎の側ではなく人の側に向ける。

底・蓋・横から、熾火《おきび》でじっくり1時間半程度熱し、ダッチオーブン全体に熱をめぐらせ蒸し焼きに。

8 食べやすいサイズにカット

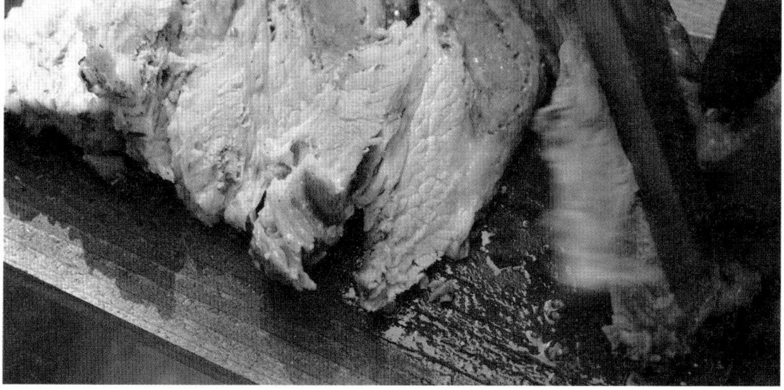

蓋を開けて、鉄串を刺して肉の温度を確認（P124）。熱いと感じるくらい（約75℃）になったら、野草をはがし、肉をとり出し、食べやすいサイズにカット。

ヤマウドの野性味ある草の香りが立ち上る。脂身たっぷりの豚肉は食べ応えがある。葉から染み出したほろ苦さで不思議と後味はさっぱり。

「ペトロマックス ダッチオーブン ft3-t」

ダッチオーブン

ロースト・ハム

材料

- 豚ロース肉…… 1500g
- ブレンド塩
- 水

約 4 時間
＊下ごしらえを除く

豚ロースのブロック肉をダッチオーブンでロースト。
ちょっとワイルドなロースハム。

長野流ハム用ブレンド塩レシピ

（豚ロース1500gに対して）

- 塩…… 3.5%（約53g）
- 三温糖…… 1.75%（約26g）
- 粗挽きこしょう…… ホールで10粒程度
- にんにく…… 2片
- とうがらし…… 4本
- ローリエ…… 4枚

にんにくは先につぶし、とうがらしはさやごと、ともに粗みじん切り。ローリエは手で細かくちぎり、ほかの材料と混ぜる。

1 下ごしらえ ブレンド塩に漬け込む

漬け込み用のブレンドハーブ塩を豚ロースの塊肉に擦り込む。

2 下ごしらえ 自宅で4日間寝かせる

凍らせたペットボトルを入れたクーラーボックスや冷蔵庫で。

肉をビニール袋ごともみ、ブレンド塩をなじませる。ビニール袋から空気を抜き密閉。10℃程度の冷暗所で4日間寝かせる。肉から出た汁は、調理に使用。

3 熱した鍋で肉を焼く

Point

プレヒート

熱しておくことをプレヒートと呼ぶ。焦げ目をつけたいときには必須。

ダッチオーブンを火にかけてプレヒートしておく。じゅうぶん熱したところに、脂身面を押しつけるように焼く。

一般的なロースハムは、ぬるめの湯（60～70℃）でゆでてつくるが、ローストハムはまず外側全面を焼いて旨味を閉じ込めるのが重要。その後はゆでずにスチームローストする（P142）。

4 脂が染み出したら裏返す

脂身から脂が染み出してきたら、裏返す。焼けたら側面も焼いていく。

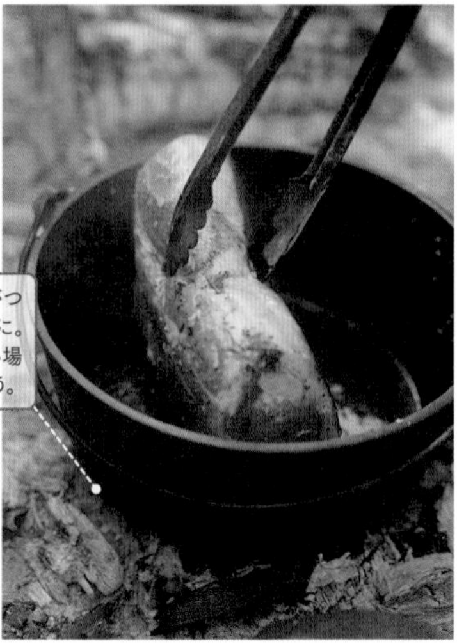

熾火（おきび）がつぶれないように。底面に脚がない場合はゴトクを使う。

5 全面に焼き色をつける

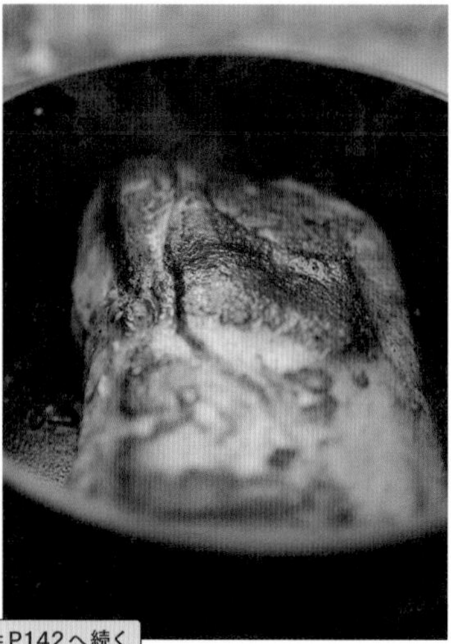

ブロック肉のすべての面を焼き、焼き色をつける。肉の旨味が逃げないようにする。

⇐P142へ続く

6 漬け込んだ汁に水を加えて鍋へ

ブレンド塩で漬け込んだときに肉から出た汁に水を加え、鍋に注ぐ。

肉の高さくらいまでの量に。

7 上から加熱する

下部は徐々に鎮火させとろ火にしていく。

ダッチオーブンの蓋をし、熾火や薪を置き、上からどんどん加熱していく。

8 水を足しながらスチームロースト

ときどき蓋を開け、水分が減ってきたら水（湯でもＯＫ）を足す。約60分間加熱し続ける。肉の中心の温度が63℃以上になっているかをチェック（P83）。

Point

鍋の深さ

今回は12インチ（ディープ）のダッチオーブンを使用。上部から加熱し、蒸気をつくるため、鍋には深さが必要。

9 水で急速に冷やす

耐熱性のビニール袋に肉を入れ、空気を抜いて口を閉じ、2時間程度水で冷やす。冷えたらスライス。

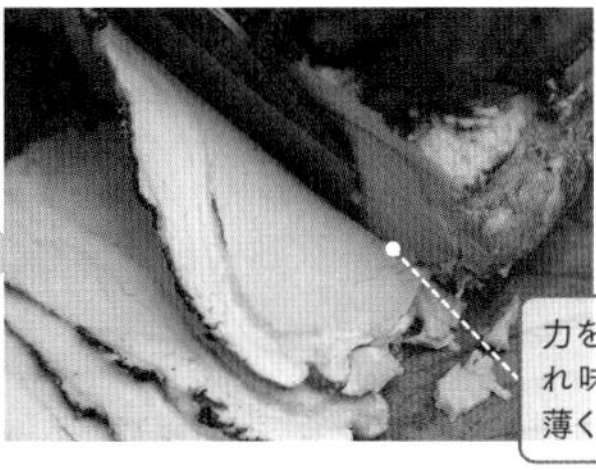
力を入れず、刃の切れ味に任せるのが薄く切るコツ。

食べるぶんだけスライスし、残りはビニール袋に入れて冷やしておく。一日寝かせるとおいしそうな桃色に変化する。

実山椒の塩水漬け

初夏に摘んだ山椒の実を塩水で２回ゆで、３回目のゆで汁のまま耐熱瓶で保存したもの。肉のつけ合わせにぴったり。

ダッチオーブン

牛筋煮込み

煮込めば煮込むほど牛筋がやわらかくなります。
ロングステイのキャンプにおすすめ。

材料

- 牛筋…… 1000～2000g
(ダッチオーブンのサイズに合わせた量でOK)
- 塩…… 適量
- 粗挽きこしょう…… 適量
- 卵(好みで)…… 適量
- 根菜類(好みで)…… 適量

数時間以上

＊焚き火のあいだじゅう

1 牛筋に湯を注ぐ

ダッチオーブンいっぱいに牛筋を入れ、湯をひたひたに注ぎ、焚き火にかける。

2 あくと脂が出たらかき混ぜる

煮立ってきてあくと脂が出てきたら、その都度取り除く。煮汁が減ったら、湯をつぎ足す。

Point

煮汁の脂

煮汁の脂を火床にたらすと、さらに火力が強くなる。別の器に入れておくと冷えて固まる。固形の脂として調理や焚き火の着火剤に使える。

3 ひたすら煮込み、味をつける

湯をつぎ足しながら、徐々に火床を熾火《おきび》に。弱火でひたすら煮込み続ける。ひと晩くらい煮込んだら、塩と粗挽きこしょうで味をつける。

4 卵や根菜類を入れて煮込む

別の鍋で卵とだいこんを下ゆでする。ゆで卵は殻をむき、だいこんとともに牛筋煮込みに加え、さらに煮込み続ける。

下ゆでした卵や根菜類は網で湯切りし、冷ましてから投入。煮汁を吸い込みやすくなる。

⇐P146へ続く

焚き火ならではの、熾火でコトコト煮込む料理。翌日以降、さらにおいしくなる。

アレンジレシピ

牛筋のちゃんちゃん焼き

牛筋はアレンジが豊富。鮭のちゃんちゃん焼きにヒントを得た即興レシピです。

1 牛筋を湯切りする

たれを染み込みやすくするため、煮込んだ牛筋を網にあげて湯切りし、冷ましておく。

2 味噌だれに絡める

シェラカップに酒、七味、味噌を適当に混ぜ合わせ、味噌だれをつくる（肉に絡まる程度の濃度）。冷ました牛筋をカップに入れ、たれをよくなじませる。

3 煮汁でスチームロースト

よく熱したグリドルで牛筋を焼く。そこに煮汁をかけ､シェラカップをかぶせ、スチームローストする。

4 水気を飛ばしつつ焼く

シェラカップを外し、強火のまま水気を飛ばしつつ焼いたら完成。炊き立てのごはん（P157）にのせれば牛筋ちゃんちゃん丼にも。

\ 中身公開! /

【長野流 スパイスボックス】

スパイス&ハーブ類

タイム、ローズマリー、とうがらし、カレー粉、シナモンなど。焚き火料理に欠かせないスパイスやハーブ類。

パンケーキミックス

水を入れてシェイクするだけ。手軽につくれるパンケーキミックス(P70)。

スパイスミル

スパイスストッカーとミルが一体になった愛用のミル。鋳物の重みと、特殊な構造で辛みが少なく香りが立つ。

「スケップシュルト スウィング ペッパー スパイスミル」

ローリエ、鷹の爪など

ローリエや鷹の爪など、湿気を嫌う調味料をアルミ製のバターケース(内側が樹脂製の二重構造で密閉度が高い)に収納。

「ドイツ軍のバターケース(ビンテージ)」

野草茶

ヨモギ茶の葉をボトルに入れて常備。飲めば風邪予防に。茶殻をいぶせば防虫剤に(P88)。

塩、砂糖、オイルなど

塩、三温糖(砂糖)、オリーブオイル、トマトソース、しょうゆなど比較的よく使うものはたっぷりと。

ナイフやレードル

ナイフやレードル、小さなククサなど、調理中に使うものは、スパイスボックスに収納。

調味料類を入れるスパイスボックスは、以前販売していた「ワーカーズオカモチ ハーフ」という商品です(現在完売)。決まって使う調味料類をこのボックスにまとめています。

昔は、さまざまなスパイスをミックスし、キャンプスパイスをつくっていました。最近は、塩、こしょう、砂糖、とうがらしとシンプルに。そのときどき何で味をつけようか考えます。

コンソメや既製の味つけだれをかければ、おいしくなるのですが、キャンプでそこまで味を追求するのも違うような気もして。

自然のなかで食べるだけで、もうおいしい! 味つけより、焚き火でうまく調理する、素材の味を直に堪能することが大事だと思うようになってきました。

一気に熱して旨味を閉じ込める

薪拾いで見つけたキクラゲ（P29）。石焼き汁の具材に。

石焼き汁は、瞬時にでき、身も汁もうまくて最高！

炎のなかにそのまま突っ込む調理法も焚き火ならでは。焚き火で真っ赤に焼いた石を、鍋に入れて沸騰させる「石焼き汁」。もともとは秋田県男鹿半島の伝統的な漁師料理で、木桶に魚、ネギ、味噌を入れて焼き石を投入します。

今回はひとりぶんの小さなステンレス鍋を使い、魚はタラ、味つけは塩のみですが、食材に応じてお好みで。汁に石を投入すると急激に沸騰し、魚の身がしまります。ぐつぐつと大きな音を立て、汁が泡立ちあふれ出し、目と耳が喜ぶ料理です。

最後はカツオのたたきのように網で肉を焼いていく「ローストビーフ」。熱した網にのせて一気に全面を炙り、肉のおいしさを封じ込めます。

また、肉を落ち着かせるときにはホオの葉で包んでいます。昔はラップやホイルも使っていました。でも、ごみを減らしたい、出すなら自然にかえるものがいい、できればその土地のものですべて調理したい、という気持ちが強まり、最近は調理によく野草を活用しています。

〔焼きのコツ〕

コツ

網を熱しておく

肉が網に焦げつかないように、じゅうぶんに火力を上げ、網を熱しておく。

石焼き・網焼き

石焼き汁

焚き火でじゅうぶん熱した石を鍋に投入します。
急速沸騰により、プリプリとした食感が最高。

材料

- タラの切り身…… 2～3切れ
- 長ネギ…… 1／2本
- 昆布…… 適量
- しょうが…… ひと片
- キクラゲ
- 塩…… 適量

約20分

1 石を焚き火で熱する

爆ぜ石防止のために最後に薪をのせる。

鍋に入れる石の候補を数個用意し、焚き火に入れて熱する。石が爆ぜて飛び散るのを防ぐために、薪をかぶせておく。

2 具材を鍋に入れる

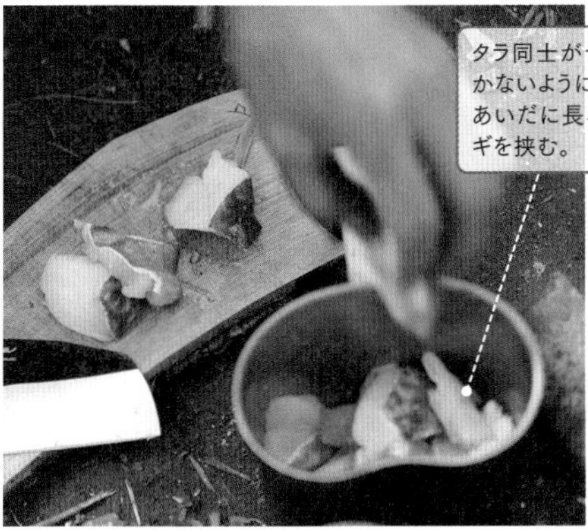

タラ同士がつかないように、あいだに長ネギを挟む。

昆布を1～2㎝に、しょうがをスライスして鍋へ。タラをひと口大、キクラゲ、長ネギ3㎝程度に切って入れたら、水をひたひたに注ぎ、塩をふたつまみ。

3 焼いた石を投入

火から石をとり出し、炭を軽く払い、鍋に投入。ぐつぐつと汁があふれるほど一気に沸騰。

4 鍋から石をとり出す

鍋底に軽く触れ、熱の伝わり方を確認。

鍋の取っ手を持ち、揺らし、石の熱を均等にいきわたらせる。じゅうぶん熱されてぐつぐつがおさまったら蓋をしてしばし蒸らし、石をとり出す。

焼け石
熱した焼け石を鍋に入れ、一気に沸騰させる。石が内包している粒子の状態によっては、焼かれることで石が爆ぜてしまうこともあるので注意。焼け石の候補は多めに用意しておく。

網焼きローストビーフ

炎で一気に焼き、さらに熾火でじっくり熱します。
サンドイッチ、丼やシチューなどのアレンジも。

材料

- 牛もも肉（ブロック）…… 1000g
- 塩 …… 適量
- 粗挽きこしょう …… 適量
- にんにく（チューブ）…… 適量
- 野草（ホオの葉）

約2時間

1 調味料を擦り込む

牛もも肉のブロックに塩と粗挽きこしょう、にんにく（チューブ）を山盛りにのせて、よく擦り込む（両面）。野草（ホオの葉）を使うと手を汚さず、香りも移せる。

2 強火で肉を炙る

カツオのたたきのイメージで、ブロックの各面を焦がしていく。

火を強火に。先に網を熱しておく。木くずなどを入れてどんどん炎を大きくし、一気に肉の表面を炙り、旨味を封じ込める。

3 とろ火でじっくり焼く

全面に焦げ目がついたら、火力を弱め、とろ火でじっくり熱していく。途中で肉の中心部まで鉄串を刺し、人肌になったら火から下ろす（P124）。

⇐P154へ続く

肉を炙ることで香ばしさが生まれ、その後とろ火で中心部まで火を通すことで、肉の濃厚な旨味が閉じ込められる。

4 野草にのせる

野草に肉をのせる（野草がないときはクッキングシート
などを使用）。

5 野草で肉を包む

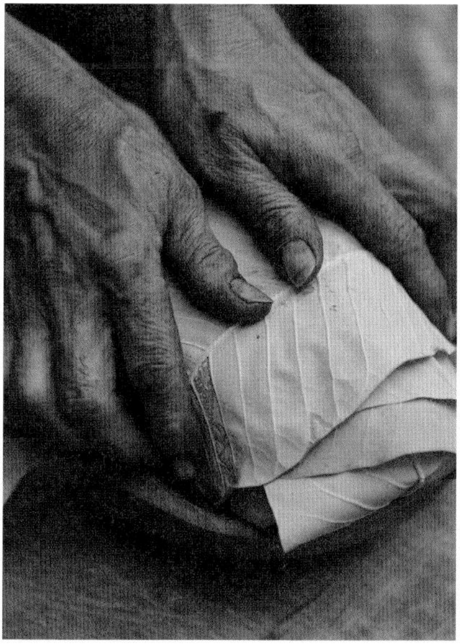

肉が外気に触れないように、野草でぴっちり丁寧に
肉を包み込む。

6 15分程度休ませる

野草がはがれないよ
うに重しをして、15
〜20分休ませる。

7 食べるぶんだけカット

食べるぶんだけスラ
イスする。できたて
は厚切りでもOK。
時間が経つにつれて
薄くカットしやすく、
食べやすくなる。

カキドオシやクレソンを添えて

今回はオオバタネツケバナ（クレソンとよく似た味）を添えた。カキドオシも合う（P124）。

肉はカットすると空気に触れて赤くなる。また、一晩寝かせると赤みが増す。翌朝パンにはさんでサンドイッチに（P76）。残りは塊肉のままふたたび野草に包んで持ち帰る。

ホオの葉、フキの葉……大きな葉で包む

ブロック肉をラッピングするため、ホオの葉（写真）やフキの葉など、大型の毒性のない葉を使う（P30）。

万能調理道具

カンティーンセット

スタッキング

スタッキング(重ね合わせてコンパクトにする)し、専用バッグへ。ポケットにライター類、小型ナイフなど入れておく。

カンティーン

ステンレス製の水筒で、広めの口が水を入れやすい。そのまま火にかけて湯を沸かせる。

ボトルストーブ

焚き火に入れても、アルコールストーブでも使うことができるゴトク。

ボトルハンガー

カンティーンと組み合わせて、上から吊るして火にかけられる。別売りのアイテム。

カップと蓋

カップは蓋つきで鍋としても使える。ボトルストーブとジャストフィットする。

「パスファインダー カンティーン クッキングセット」

カンティーンとは水筒のこと。兵士が携帯するもので、川の水を煮沸消毒できるようにするため、焚き火にもかけられます。カップ・鍋に、ストーブがセットになったカンティーンセットとしても流通しています。

僕の愛用品は、友人で世界中で知られているブッシュクラフター、デイブ・カンタベリーさん監修のパスファインダーのカンティーンセットです。ブッシュクラフトは「いかつい世界」という印象がありますが、デイブはつぶらな瞳が愛らしく、温かくやさしい人柄。

デイブのカンティーンセットは超機能的。ストーブで煮炊きがひと通りでき、使い込むほど味が出る。持っていることで、彼といっしょにいるような気分になる、心強いキャンプの相棒です。

ひとりぶんの

ごはんを上手に炊いてみよう!

1合ごはんを上手に炊いてみましょう。

1 1合米に1.5倍の水

キャンプでは水が貴重。米は無洗米を。

蓋があまいので、蒸気で水分が逃げてしまう。無洗米1合（約180mL）に対し1.5倍程度（約270mL）の、多めの水を注ぐ。

2 強火をつくる

ストーブの周囲の火力を上げ、輻射熱を利用。かまど状態になる。

熾火を集め、ボトルストーブの炊き口に入れ、小枝や木くずを入れて火吹き棒で強火をつくる。

3 蒸気が出たら火から下ろす

爪の先で蓋を押さえ、振動を感じる。
香り、蒸気、振動……五感を鋭く!

強火で一気に沸騰させる。ボコボコという音と振動をキャッチしたら、とろ火に。蒸気が出なくなってきたら、火から下ろし5〜10分間蒸らす。

4 余熱で肉を焼く

ゴトクは焼き網としても使える。余熱でベーコンなどを焼いてごはんのつけ合わせに。

蒸らす
焼く

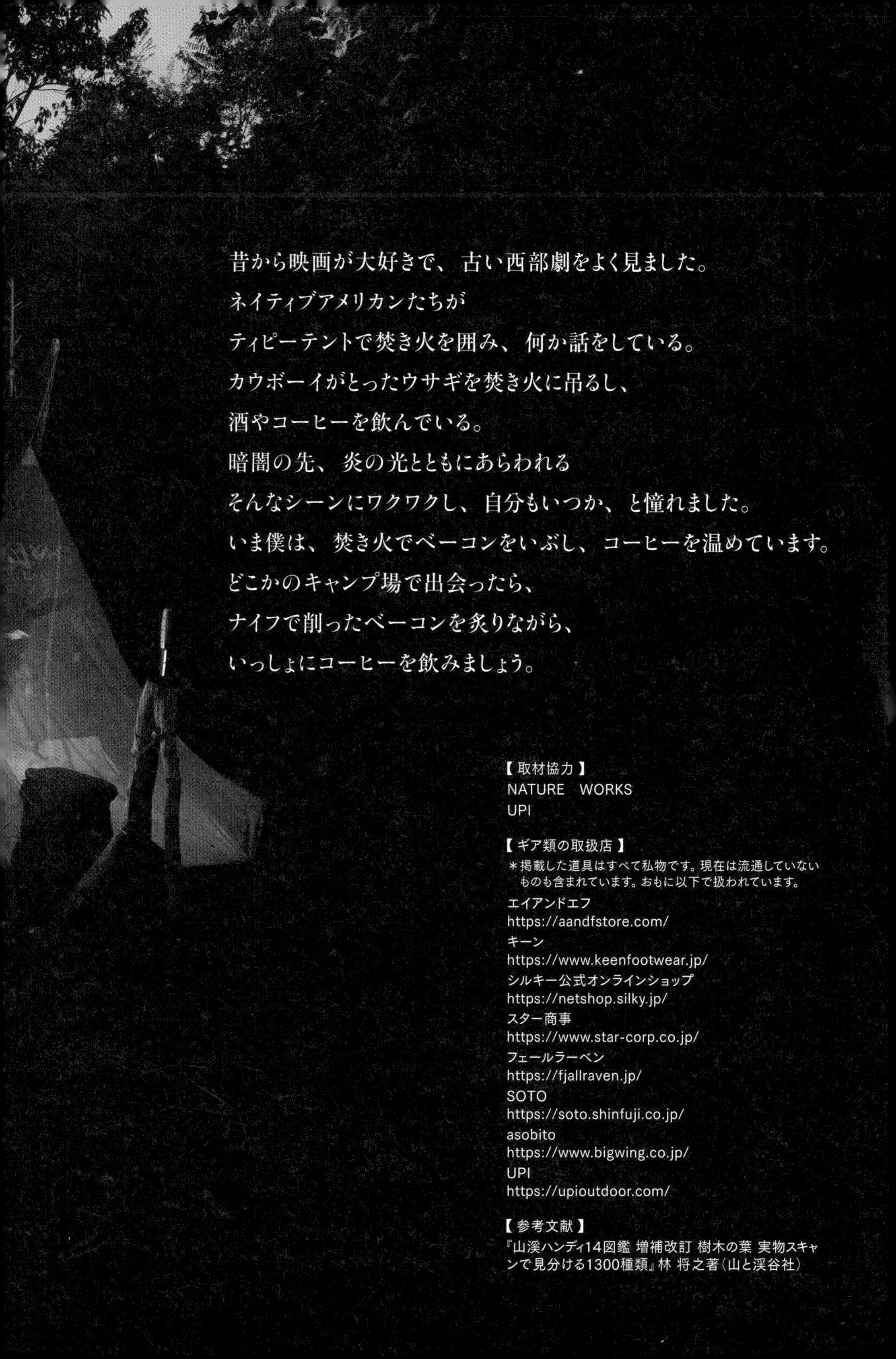

昔から映画が大好きで、古い西部劇をよく見ました。
ネイティブアメリカンたちが
ティピーテントで焚き火を囲み、何か話をしている。
カウボーイがとったウサギを焚き火に吊るし、
酒やコーヒーを飲んでいる。
暗闇の先、炎の光とともにあらわれる
そんなシーンにワクワクし、自分もいつか、と憧れました。
いま僕は、焚き火でベーコンをいぶし、コーヒーを温めています。
どこかのキャンプ場で出会ったら、
ナイフで削ったベーコンを炙りながら、
いっしょにコーヒーを飲みましょう。

【 取材協力 】
NATURE　WORKS
UPI

【 ギア類の取扱店 】
＊掲載した道具はすべて私物です。現在は流通していないものも含まれています。おもに以下で扱われています。
エイアンドエフ
https://aandfstore.com/
キーン
https://www.keenfootwear.jp/
シルキー公式オンラインショップ
https://netshop.silky.jp/
スター商事
https://www.star-corp.co.jp/
フェールラーベン
https://fjallraven.jp/
SOTO
https://soto.shinfuji.co.jp/
asobito
https://www.bigwing.co.jp/
UPI
https://upioutdoor.com/

【 参考文献 】
『山溪ハンディ14図鑑 増補改訂 樹木の葉 実物スキャンで見分ける1300種類』林 将之著（山と渓谷社）

【監修】

長野修平（ながの・しゅうへい）

ネイチャークラフト作家、野外料理人。NATURE WORKS主宰。

1962年、北海道の山菜料理店に生まれる。東京銀座の料理店、PRコンサルタント等を経て、30歳からネイチャークラフト作家として活動。自然物や古材で、暮らしの道具から自宅まで創作。ウッドカービング、山菜料理、アウトドア料理に精通。独自のキャンプスタイルや創作表現で雑誌・テレビ・ウェブ等のメディアに多数出演。また、アウトドアや工具メーカーのテスターやプロダクトなども行い、日本と海外で火と刃物のある暮らしをテーマにワークショップを行う。アジア圏で唯一の、スウェーデンのモーラナイフ公認アンバサダーほか、複数のアウトドアブランドのアンバサダーやサポーターを務める。著書に「東京発スローライフ」（オレンジページ）『里山ライフのごちそう帖』（実業之日本社）など。

Instagram @shuuheinagano

Staff

撮影……………………内村コースケ
本文デザイン…八月朔日英子
イラスト…………さいとうあずみ
校正……………………渡邉郁夫
編集協力…………オフィス２０１（小川ましろ）

JN005736

焚き火大事典

監　修　長《なが》野《の》修平《しゅうへい》
発行者　深見公子
発行所　成美堂出版
〒162-8445　東京都新宿区新小川町1-7
電話(03)5206-8151　FAX(03)5206-8159
印　刷　株式会社フクイン

ISBN978-4-415-33412-7
落丁·乱丁などの不良本はお取り替えします
定価はカバーに表示してあります